Schlägerherz

Jutta Nymphius

SCHLÄGERHERZ

Mit Bildern von Barbara Jung

TULIPAN VERLAG

Inhalt

Schmerz

Es tut gut, als Pauline schreit. Kay ist, als würde Druck aus ihm entweichen wie aus einem viel zu prall aufgeblasenen Ballon. Er packt noch fester zu. Seine Hand presst Paulines Wange auf den von kleinen Steinchen übersäten Boden. Ihre Haut fühlt sich zart an, zart und weich. Er hasst das.

»Aua, aua, lass mich los, lass mich doch los«, wimmert Pauline.

Mit Kays Hand im Gesicht kann sie kaum sprechen, ihr Mund verzieht sich zu einer ulkigen Grimasse. Kay hatte mal einen kleinen Ball aus Knete mit einem aufgemalten Mund und Augen, den konnte er genauso verformen wie Paulines Gesicht. Er muss lachen, kniet sich auf das kleine Mädchen und drückt noch weiter zu, nimmt sogar die zweite Hand zu Hilfe.

Pauline heult laut auf. Plötzlich sind da Schleim und Glibber.

»Hey, verdammt!«, flucht Kay und lässt Paulines Kopf ruckartig los. »Du bist ja voller Rotze.« Er springt auf. »Na los, hau schon ab, du Baby, aber wehe, du erzählst irgendwem davon …«

Hastig richtet Pauline sich auf. Mit von Tränen verschmiertem Gesicht tastet das kleine Mädchen nach seinem Ranzen, der neben ihm auf dem Boden liegt. Zitternd greift es danach, kommt endlich auf die Beine und stolpert los. Zufrieden bemerkt Kay, dass es sich mit einer Hand die Wange hält, die bestimmt immer noch schmerzt.

»Hey, warte«, schreit er der Kleinen hinterher und hebt einen Teddybären auf. »Du hast was verloren!«

In sicherer Entfernung dreht sich Pauline zu ihm um. »Gib ihn mir wieder«, kreischt sie, als sie ihren Teddy erkennt. »Gib mir meinen Wuschel wieder!«

»Aber klar doch«, erwidert Kay. Der Teddy schaut ihn aus kugelrunden Knopfaugen friedlich an und streckt

ihm seine kleinen Ärmchen entgegen. Langsam öffnet Kay die Hand und lässt den Teddy fallen. »Ups«, meint er, hebt seinen Fuß und tritt Wuschel mit der Schuhspitze in den Dreck, rollt ihn hin und her, bis der Teddy ganz schmutzig ist und eine Naht aufplatzt, aus der hilflos Füllwatte hervorquillt. Pauline schreit auf, rennt mit feuerrotem Gesicht zu Kay hin und schnappt sich schnell ihren Teddy, bevor sie wieder kehrtmacht und zu einer Gruppe von anderen erschreckten Erstklässlern läuft. Die hat die ganze Zeit am Wegrand gewartet und alles mit angesehen.

Kay beobachtet, wie die Kleinen alle zusammen wegrennen, einige haben sich sogar an die Hand genommen. Mit einem Mal ist seine Hochstimmung verflogen.

»Klasse!«, kommentiert in diesem Moment Sven, der wie aus dem Nichts neben ihm auftaucht. »Der hast du's ganz schön gegeben!«

»Ja, ja, schon gut«, brummt Kay.

Sven ist sein Freund, oder zumindest so etwas Ähnliches. Niemand kann ihn leiden, immer ist Sven da, wo es Ärger gibt. Aber nie lässt er sich dabei erwischen. Früher hatte auch Kay nichts mit ihm zu tun, obwohl sie in eine Klasse gehen. Doch in letzter Zeit ist Sven immer dort, wo er auch ist, ständig taucht er wie aus dem Nichts an seiner Seite auf. Mittlerweile hat Kay sogar das Gefühl, ihn neben sich zu haben, auch wenn er gar nicht zu sehen ist. So als hätte Sven wie im Märchen eine Tarnkappe, die ihn unsichtbar macht und die er nur von Zeit zu Zeit abnimmt.

Kay geht los, Richtung Schule. Unter seinen dünnen Sommerschuhen spürt er die Steinchen, die sich eben noch in Paulines Wange gebohrt haben. Wütend versucht er sie wegzutreten.

Lust, zur Schule zu gehen, hat er nicht gerade. Aber was Besseres fällt ihm auch nicht ein. Eigentlich ist es doch egal, was er macht, ob er hier ist oder anderswo.

Als er mit Sven durch den Flur geht und an den ersten Klassen vorbeikommt, laufen die Kleinen bei ihrem Anblick ängstlich in ihre Räume und knallen schnell die Türen hinter sich zu. Wie eine Schar Vögel flattern sie aufgescheucht davon. Sven johlt vor Vergnügen, er geht jetzt so breitbeinig wie ein Cowboy im Film und haut Kay lachend auf die Schulter. Doch der geht einfach weiter, ohne nach rechts und links zu gucken.

»Hey, wie immer nachher am Schuppen?«, ruft Sven ihm nach dem Unterricht zu, als Kay, die Hände tief in die Taschen vergraben, aus dem Schulgebäude schlurft.

Ohne anzuhalten, zuckt Kay kurz mit den Achseln. Den Weg kennt er gut. Und doch wird er immer langsamer,

als sei er sich nicht sicher, ob er hier noch richtig ist. Als er schließlich hinter der Ecke das kleine weiße Haus erblickt, bleibt er stehen. Er senkt den Kopf, zögert. Die letzten Meter schließlich schleicht er sich gebückt an das Haus heran, huscht zu einem Fenster links neben der Eingangstür und späht vorsichtig hindurch.

Mama hat schon auf ihn gewartet. Kaum dass sie ihn sieht, schüttelt sie heftig den Kopf und legt den Finger warnend auf die Lippen. Kay nickt kurz, duckt sich schnell wieder unter das Fenster und schleicht zur an-

deren Seite des Hauses, an die die Garage angebaut ist. In der Ecke zwischen Garage und Hauswand lehnt gut versteckt eine große Holzleiter.

Den Ranzen, den er bisher nachlässig über der Schulter getragen hat, schnallt sich Kay nun auf den Rücken und verschließt die Schnalle sorgfältig über seiner Brust. Dann setzt er vorsichtig den Fuß auf die erste Sprosse, die zweite. Die dritte überspringt er, der traut er nicht, die knackt so seltsam. Geschickt klettert er den Rest der Leiter hoch, lässt sich aufs Garagendach gleiten und greift in ein Fenster, das gekippt ist. Er entriegelt es von innen, öffnet es ganz und steigt in sein Zimmer.

Obwohl es Hochsommer ist und die Sonne scheint, ist es kühl und dunkel hier drin, wie in einer Höhle. Kay schnuppert. Es riecht nach Essen. Er knipst die alte Stehlampe in der Ecke an und sieht den Teller mit Suppe auf dem Tisch. Mama hat noch sein Lieblingsbrötchen, eines mit Sesam, dazugelegt und eine ganze Flasche Wasser hingestellt. Das ist gut, er hat von der Hitze ganz schön Durst. Erschöpft lässt sich Kay auf den Stuhl sinken und beginnt zu essen.

Ein ungewohntes Geräusch lässt ihn herumfahren. Es kommt von draußen. Wie ein Dieb in der Nacht löscht Kay schnell die Stehlampe und tritt leise an das immer noch geöffnete Fenster.

Im Haus gegenüber, das eigentlich seit vielen Monaten leer steht, sind heute alle Fenster geöffnet. Auch das im ersten Stock, aus dem Musik mit einem aufdringlich stampfenden Rhythmus herüberweht. Neugierig beugt Kay sich weiter vor. Tatsächlich, das ist Schlagermusik, deutsche Schlagermusik, so eine, wie Papa sie früher gern gehört hat. »Dich zu lieben, dich zu kriegen …«, stampft es unablässig weiter, laut und dröhnend.

Aber nicht nur das: Ein ziemlich dickes Mädchen mit noch dickeren Beinen, die in knallroten Strumpfhosen

stecken, tanzt mit weit ausgebrei-
teten Armen zur Musik durchs
Zimmer. Eigentlich hüpft es mehr,
als dass es tanzt. Kay ist sich nicht
sicher, ob es der Musik dabei überhaupt zuhört, im Takt bewegt es sich
jedenfalls nicht. Aber das scheint es
keineswegs zu stören, im Gegenteil: So
ausgelassen dreht es sich und springt so wild umher, dass
seine Freude sogar hier vom Fenster aus zu sehen
ist. Kay steht und staunt, während sich seine rechte Hand langsam zu einer Faust
formt und sich die Fingernägel in den
Handballen bohren.

Da geht drüben die Tür auf und
eine Frau kommt herein. Sie wedelt
mit den Armen, um die Aufmerksamkeit des dicken Mädchens zu erregen, doch das kriegt nichts mit. Die
Frau fuchtelt immer heftiger und geht
dann auf das Mädchen zu.

›Aha‹, stellt Kay zufrieden fest, ›jetzt gibt es Ärger
wegen der lauten Musik. Na also, geschieht der Dicken
recht.‹ Der Druck der Fingernägel in seinem Fleisch löst
sich ein wenig.

Aber das Mädchen schüttelt nur den Kopf, als die Frau
auf sie einzureden beginnt. Und dann, Kay kann es kaum

glauben, dann nimmt das Mädchen einfach beide Arme der Frau und schwenkt sie wild herum. Die Frau will sich erst losmachen, muss aber dann laut lachen und macht schließlich bereitwillig mit. Jetzt tanzen beide durch den Raum und scheinen schrecklichen Spaß daran zu haben.

Schließlich verstummt die Musik. Die Frau bleibt stehen, und das Mädchen schmiegt sich in ihre Arme. In enger Umarmung wiegen sie sich sanft hin und her.

Da hebt das Mädchen plötzlich den Kopf und schaut zum Fenster hinaus, genau zu ihm hin. Kay weicht sofort zurück in die schützende Dunkelheit. Seine alte Gitarre, die verlassen in einer Ecke lehnt, wehrt sich mit einem anklagenden Dröhnen, als er gegen sie stößt.

Eine Weile bleibt Kay reglos stehen. Als es in seinem Gesicht zu kitzeln beginnt, öffnet er seine Faust und streicht mit der Hand über seine Wange. Erstaunt stellt er fest, dass er weint.

Schule

»Hast du Mathe?« Kay schleudert seinen Ranzen auf den Tisch. Die Frage klingt eher wie eine Drohung.

Stumm schiebt ihm Finn sein Heft herüber. Kay schnappt es sich und beginnt ohne Eile, die Rechenergebnisse abzuschreiben. Er hört nicht mal damit auf, als Frau Weniger, ihre Mathe- und Kunstlehrerin, den Raum betritt und an ihm vorbei zur Tafel geht.

»Du könntest wenigstens versuchen zu verbergen, dass du deine Aufgaben mal wieder abschreibst, Kay«, meint sie nur bissig und wendet sich dann an die Klasse. »So, dann wollen wir mal! Wer will vorrechnen?«

Genervt sieht Kay zu, wie die Finger der anderen in die Höhe schnellen. Was ist nur so toll daran, vorn an der Tafel den Streber zu geben? Er schließt die Augen und beginnt mit seinem Stuhl zu kippeln. Klar, früher fand er das auch klasse, das weiß er noch. Richtig gute Noten hatte er mal, vor allem in Mathe und Musik.

Stundenlang konnte er sich in knifflige Rätsel und Knobeleien vertiefen, so lange, bis er auf die Lösung kam. Richtig spannend fand er das. Zum Geburtstag wünschte er sich von seinen Eltern Rätselhefte und Denkspiele und brachte sie mit zum Unterricht, womit er den anderen

Kindern ziemlich auf die Nerven ging. Kay muss lachen, als er jetzt daran denkt.

Und dann war da die Musik, vor allem die Musik. Kay spürt einen Stich, als er jetzt daran denkt, eine dunkle Welle droht, ihn zu erfassen. Schnell öffnet er die Augen und guckt auf die Zahlen, die für ihn inzwischen nur noch sinnlos die Tafel füllen.

Frau Weniger hat sich mittlerweile daran gewöhnt, dass er nicht mehr mitmacht. Anfangs hat sie noch versucht, ihn einzubeziehen, doch das ist lange her. Jetzt lässt sie ihn vollkommen in Ruhe. Gut so.

Kay stützt seinen Kopf ab und sieht zu, wie Sven, der nach vorn geholt wurde, verzweifelt versucht, cool zu wirken. Dabei hat er es einfach nicht drauf, da kann er machen, was er will. Er ist und bleibt nun mal nicht der Hellste.

»Also, Sven, versuch es noch einmal! Guck dir die Zahlenfolge an: 9000, 7000 und 2000. Wie muss die nächste Zahl lauten?« Frau Weniger klingt mittlerweile ziemlich gereizt.

Sven wendet sich grinsend zur Klasse und macht das Victory-Zeichen. Dann antwortet er betont lässig: »Ist doch klar. 5000.«

Oh Mann. Kay stöhnt, alle anderen kichern.

Der Rest der Stunde vergeht in der ewig gleichen Abfolge von Frau Wenigers Fragen, Fingerschnipse, Antworten und Papiergeraschel. Kay legt seine Füße auf den am Boden abgestellten Ranzen und beginnt mit offenen Augen zu dösen. Kaum bekommt er die beiden Klingeltöne mit, die das Ende der einen und den Anfang der nächsten Stunde ankündigen. Doch dann lässt ihn etwas aufschrecken.

»Hallo, Kinder, ich habe heute jemanden mitgebracht«, hört er die Stimme von Frau Holler, der Klassenlehrerin.

Kay wendet den Kopf. »Ach, du Scheiße, die fette Kuh!«, entfährt es ihm laut. An ihrer Hand hält Frau Holler ein Mädchen, DAS Mädchen, das gestern im Haus nebenan getanzt hat.

Ein unterdrücktes Kichern ist zu hören, einige Kinder senken schnell die Köpfe, wohl um ihr Grinsen zu verbergen.

Gemeinsam mit dem Mädchen marschiert Frau Holler nach vorn. »Kay, du kommst nach der Stunde bitte zu mir«, sagt sie, als sie an seinem Tisch vorbeikommt.

Kay nickt, ohne sie anzuschauen. Mist. Ausgerechnet mit Frau Holler hat er jetzt Ärger. Dabei ist sie doch die Einzige, die ihn noch anständig behandelt und mit der er reden kann. Sogar seine Deutsch-Hausaufgaben hat er heute gemacht. Und er würde sie gern vorlesen, so gut hat ihm die Geschichte gefallen, über die sie schreiben mussten.

Ein Junge war darin in einen zugefrorenen See eingebrochen, und nur sein Freund war bei ihm, niemand sonst. Der Junge versuchte verzweifelt, sich zu retten. Er strampelte und schrie, versuchte immer wieder, sich hochzuziehen, doch das Eis brach unter seinen Händen weg. Immer größer wurde das Loch, er drohte zu ertrinken. Und was machte der Freund? Obwohl das Eis auch schon unter seinen Füßen knirschte und Risse zeigte, ließ er ihn nicht im Stich. Der Freund blieb bei dem Jungen, schob sich bäuchlings auf ihn zu, Stück für Stück. Er brachte sich selbst damit in Lebensgefahr, doch er machte immer weiter. Schließlich war er bei dem Jungen angelangt und hielt ihm einen Stock hin, an dem er ihn langsam aus dem Loch zog. Gemeinsam, Arm in Arm, erreichten sie schließlich das Ufer und waren gerettet.

So einen Freund wünscht Kay sich auch.

Er wird seine Hausaufgaben einfach mal geöffnet auf dem Tisch liegen lassen. Vielleicht darf er sie doch noch vorlesen.

Aber im Moment scheinen Frau Holler die Aufgaben ausnahmsweise einmal nicht wichtig zu sein. Sie steht jetzt vorn, den Arm hat sie inzwischen um das dicke Mädchen gelegt, und räuspert sich.

»Liebe Kinder, wie ihr wisst, nehmen wir an unserer Schule auch besondere Kinder auf«, beginnt sie. »Also Kinder, die ein wenig anders sind als ihr, zum Beispiel ein anderes Lerntempo haben, so wie unsere Greta hier.«

»Die ist also nicht nur fett, sondern auch noch blöd!«, bemerkt Sven laut und dreht sich Beifall heischend zu Kay um. Sven muss immer ganz vorn am Lehrerpult an einem Einzeltisch sitzen.

»Sven!« Jetzt sieht Frau Holler richtig sauer aus.

Wieder kichern einige Kinder hinter vorgehaltener Hand. Kay nimmt seine Füße vom Ranzen und setzt sich aufrecht hin, um das Mädchen besser sehen zu können.

Also schon wieder so ein »besonderes« Kind, wie Frau Holler es nennt. Oder eben einfach nur blöd, wie Sven sagt. Jedenfalls jemand, der ziemlich anders ist, nichts versteht, bei allem viel langsamer ist. So ein Kind hatten sie schon mal in der Klasse, einen Jungen. Der hat immer gesabbert, ständig lief ihm Spucke aus dem Mund. Eklig war das, keiner wollte etwas mit ihm zu tun haben. Er ist

ziemlich schnell wieder verschwunden. Kay hat keine Ahnung, was aus ihm geworden ist.

Das Mädchen ist nicht nur dick, sondern auch noch klein. Ihre stämmigen Beine stecken in schreiend bunt geringelten Strumpfhosen, und ihr breiter Hintern passt kaum in den kurzen Rock, den sie trägt. Ihre geflochtenen Zöpfe baumeln an einem Kopf, der so rund ist wie ein Fußball und mit Backen so rot wie ein Pavianpo. Durch dicke Brillengläser blinzeln winzige Äuglein hindurch. Dabei grinst das Mädchen die ganze Zeit so breit, dass jeder Clown neben ihm wie ein Trauerkloß aussehen würde.

Kay sinkt stöhnend auf seinen Stuhl zurück. Dieses Mädchen ist schon sehr »besonders«, so viel steht fest. Aber ihm kann das egal sein, er muss sich schließlich nicht mit ihm abgeben.

»Greta ist neu hierhergezogen und geht von jetzt ab in unsere Klasse«, fährt Frau Holler unterdessen fort. »Ich erwarte«, hier nimmt ihre Stimme einen drohenden Unterton an, »dass ihr euch nicht nur benehmt, sondern sie auch unterstützt und ihr helft, wann immer ihr könnt. Ist das klar?«

Langsam lässt Frau Holler ihren Blick durch das gesamte Klassenzimmer wandern, sieht jedem einzelnen Schüler und jeder einzelnen Schülerin so lange ins Gesicht, bis alle ergeben nicken. Nur Kay ignoriert sie.

Als am Ende der Stunde endlich der Gong ertönt, macht Kay wütend sein Heft zu und stopft es achtlos in den Ranzen. Wegen der Dicken, die einfach nichts blickte, hat er nicht einmal seine Hausaufgaben vorlesen können.

»Greta!«, hört er es da glücklich von der Tür rufen.

Die Neue hopst von ihrem Stuhl hoch wie ein Flummi und hoppelt auf ihren kurzen Beinen zur Tür. Dort steht die Frau, die gestern mit ihr getanzt hat, ihre Mutter wahrscheinlich. Die beiden fallen sich in die Arme, als hätten sie sich seit Jahren nicht gesehen. Immer noch wütend, will sich Kay an ihnen vorbei ins Freie drängen.

»Kay, ich hatte dich gebeten zu warten«, ruft ihn Frau Holler zurück.

Zögernd bleibt Kay stehen.

»Schließe bitte die Tür!«

Merkwürdig, in dem Moment, in dem er mit Frau Holler allein in dem geschlossenen Klassenzimmer ist, löst sich Kays Wut auf wie Nebelschwaden in der Sonne. Zurück bleiben zitternde Hände, in seinem Hals krampft es. Mühsam versucht er zu schlucken.

»Setz dich doch erst mal.« Frau Hollers Stimme klingt sanft, aber auch traurig, als sie fortfährt. »Kay, was soll ich bloß mit dir machen? Ich habe alles versucht. Aber das mit Pauline, das war einfach zu viel, verstehst du? Pauline ist erst sieben, Kay, sieben Jahre alt. Und du bist zehn und viel größer und stärker ...« Hier bricht Frau Hollers Stimme und sie stützt ihren Kopf schwer in ihre Hände. »Alle meine Kollegen und auch die Schulleitung meinen, jetzt sei ein Verweis die einzige Lösung. Man müsse die anderen vor dir schützen. Hast du gehört, Kay?«

Ja, Kay hat das gehört, aber was soll er dazu sagen? Er starrt nach unten, auf den Boden. Kurz sieht er wieder die kleine Pauline unter sich liegen. Nicht einmal abstreiten kann er das. Es war so, wie Frau Holler sagt, genau so. Wenn er deswegen jetzt nicht mehr in die Schule darf, okay, dann eben nicht. Allerdings wird ihm bei dem Gedanken daran leicht übel. Wo soll er denn dann hin? Und wie er das Papa erklärt, daran möchte er lieber gar nicht denken.

Er hört einen Stuhl rücken. Dann sitzt Frau Holler neben ihm, nimmt seine Hände und dreht ihn zu sich herum.

»Wie geht es dir denn, Kay?«, fragt sie und blickt ihn forschend an. »Ich weiß ja, wie schwierig es für dich ist.«

Kay guckt an ihr vorbei aus dem Fenster und antwortet nicht. Als Frau Holler vorsichtig seine langen Ärmel hochschieben will, zieht er ruckartig seine Hände zurück.

Frau Holler seufzt. »Ich konnte dir noch einmal helfen, ein allerletztes Mal, hörst du? Ich habe versucht, den

Schulleiter davon zu überzeugen, dass du eigentlich ein guter Junge bist, dass ein ordentlicher Kerl in dir steckt. Aber das musst du jetzt beweisen. Du bekommst noch eine Chance. Wenn du die vermasselst, war's das.«

»Was soll ich denn machen?«, flüstert Kay.

»Du wirst Gretas Buddy«, antwortet Frau Holler.

Freunde

»Du wirst was???«

»Gretas Buddy, Mann«, schnauzt Kay Sven an.

Er muss ihm doch wohl nicht erklären, was das bedeutet: Die ganze Zeit wird er sich in der Schule um die Dicke kümmern müssen, ihr alles zeigen, bei allem helfen, wahrscheinlich auch noch neben ihr sitzen!

»Echt jetzt?« Sven kann es kaum glauben. »Ausgerechnet du?«

Kay tritt wütend vor die Bretterwand des verlassenen Schuppens, bei dem sie sich in letzter Zeit häufig nachmittags treffen. »Scheiße!«

Das Brett gibt nicht nach, trotzig tut es so, als gehöre es zu einem intakten und stabilen Haus und nicht zu dieser Bruchbude. Jetzt schmerzt auch noch Kays Fuß.

Der alte Schuppen liegt ein wenig abseits der stadtauswärts führenden Landstraße auf einem großen, verwilderten Gelände. Kay und Sven haben ihn eines Tages zufällig entdeckt, als sie planlos umherzogen und nicht wussten, was sie machen sollten. Seitdem versuchen sie, das sich mühsam aufrecht haltende Gebäude vollends zum Einsturz zu bringen, und treten von allen Seiten dagegen. Aber der Schuppen gibt sich nicht so leicht

geschlagen. Nur einige Bretter bersten schon beim ersten Tritt splitternd entzwei, andere leisten hartnäckig Widerstand. So wie dieses.

Heiß ist es heute, ein Sommertag, wie es in letzter Zeit viele gibt. Die Luft steht still, als sei selbst ihr jede Bewegung zu viel. Sven hat sein verschwitztes T-Shirt längst ins Gras geworfen und hockt jetzt mit nacktem Oberkörper da.

»Sag mal, ist dir nicht viel zu warm?«, fragt er erstaunt und versucht, bis zu einer der blinden Fensterscheiben zu spucken.

Ohne zu antworten, zieht Kay seine langen Ärmel noch ein Stückchen weiter über die Hände. Was er darunter verbirgt, geht Sven nichts an.

Finn hat er immer alles erzählt, mit ihm konnte er über alles reden. Er war sein bester Freund, sie waren unzertrennlich. Immer gingen sie zusammen nach Hause, vom ersten Schultag an, und häufig blieb einer beim anderen zum Mittagessen und am Wochenende sogar zum Übernachten. Finn sitzt zwar immer noch neben ihm in der Klasse, aber sie reden kaum noch miteinander. Kay weiß nicht genau, wann das aufgehört hat. Ihre Freundschaft hat sich von ihm entfernt wie ein Papierschiffchen, das man auf strömendes Wasser setzt.

Langsam umrundet Kay den Schuppen.

Sven ist aufgesprungen und folgt ihm durchs hohe Gras. »Mann, das kannst du dir von der Holler doch nicht gefallen lassen!«

Schweigend geht Kay weiter und betrachtet prüfend die unteren Bretter.

Jetzt stellt sich Sven ihm in den Weg. »Ich meine, willst du dich wirklich die ganze Zeit mit dieser Fettschwarte abgeben?« Er bläst die Backen auf, um Greta nachzuahmen.

Kay schiebt ihn beiseite und setzt seinen Weg fort. Vor einer kleinen blauen Blume bleibt er stehen. Sie befindet sich genau vor einem Brett, das schon voller Risse ist. Fast sieht es so aus, als hätte sich die Blume schützend vor das Brett gestellt.

»Was hältst du davon, wenn wir dafür sorgen, dass Fetti eine Abreibung kriegt? Als Strafe, meine ich. Dafür, dass du dich mit ihr rumschlagen musst? Das hat sie verdient, oder meinst du nicht?« Sven lässt nicht locker.

Strafe. Verdient. Stolz streckt sich die Blume Kay entgegen. Er hebt einen Fuß, zögert nur einen ganz kleinen Moment und tritt dann kräftig zu. Klaglos beendet die Blume ihr Leben und verschwindet unter dem Schuh. Nichts als ein schwacher blauer Fleck bleibt von ihr übrig.

»Wie meinst du das?«, fragt Kay und schaut Sven an. »In der Schule können wir nichts machen, dann fliege ich endgültig. Und nach dem Unterricht wird sie immer von ihrer Mutter abgeholt, sagt Frau Holler.«

»Quatsch, irgendwann wird sie schon mal allein sein. Wenn du sowieso immer um sie rumschleichen musst, quetsche sie doch aus. Was sie so macht, wann sie wo ist und so. Und dann schnappen wir sie uns!« Svens Stimme überschlägt sich vor Begeisterung.

Kay tritt mit voller Wucht gegen das nun frei liegende Brett. Es zersplittert und hinterlässt ein großes Loch. Super! Bald müsste er doch umkippen, dieser blöde Schuppen.

Er wendet sich zu Sven um. »Okay, aber sie darf mich nicht dabei erkennen, sonst bin ich dran. Du musst ihr die Augen zuhalten oder so, kapiert?«

»Geht klar«, stimmt Sven grinsend zu. »Am besten nehme ich ihr die Brille weg, dann ist sie so blind wie … wie …« Offensichtlich fällt ihm kein geeigneter Vergleich ein.

Kay seufzt. Selbst dafür ist Sven zu blöd. »Wie ein frisch geborenes Mäusejunges«, beendet er den Satz.

Papa

Warum steht Mama nicht wie sonst am Fenster und gibt ihm ein Zeichen? Was soll er denn jetzt machen?

Kay stellt sich auf die Zehenspitzen und späht vorsichtig hinein. Nein, in der Küche ist niemand zu sehen. Sein Blick geht unschlüssig zur Haustür und zur Klingel, dann entscheidet er sich dagegen. Er will lieber nichts riskieren.

Also schleicht er wie immer zur Leiter und klettert hinauf. Gerade will er von der letzten Sprosse durchs Fenster in sein Zimmer schlüpfen, als er aus den Augenwinkeln eine Bewegung wahrnimmt. Suchend blickt er sich um.

Der Garten des Nachbarhauses hat sich merkwürdig verändert. Der gesamte Rasen ist durchpflügt und zerbuddelt, als hätte sich eine Horde halbstarker Maulwürfe darüber hergemacht. Kreuz und quer auf dem Grundstück sind Löcher mit Hügeln aufgeworfener Erde zu sehen. Und hier und da sieht er Blumen, einzeln oder in Büscheln. Kay verbiegt sich ein wenig auf der Leiter, um besser erkennen zu können, was da drüben los ist. Tatsächlich, da hinten krabbelt dieses Mädchen, diese Greta, wie ein großer bunter Käfer kreuz und quer durch den Garten. Sie scheint sehr beschäftigt zu sein. Was zum Teufel macht sie da? Egal, er muss jetzt schleunigst ins Zimmer.

Drinnen sieht er sich um. Seltsam, Mama hat ihm kein Essen hingestellt. Bedeutet das, dass Papa doch schon auf dem Sofa eingeschlafen ist und er gefahrlos nach unten kann? Aber warum war sie dann nicht am Fenster oder an der Haustür?

Noch im selben Moment erhält er die Antwort.

»Kay! Kaaaaay!!!«, brüllt es von unten. Oder eigentlich ist es kein Brüllen, sondern eher ein Heulen, wie das eines Wolfes, eine Mischung aus Kraft und Verzweiflung. Papa.

Kay erinnert sich noch gut daran, als Papa das erste Mal schon am Mittag und nicht wie sonst erst am Abend von der Arbeit nach Hause kam. Plötzlich saß er mit am Tisch, ohne ein Wort zu sagen. Da hat Mama Kay zum ersten Mal weggeschickt und ihm sein Mittagessen nach oben in sein Zimmer gestellt.

»Papa hat seine Arbeit verloren, frag jetzt nicht weiter«, hat sie nur geflüstert und ihn eilig die Treppe hinaufgeschoben.

Früher, da war Papa nur abends und am Wochenende zu Hause. Trotzdem haben sie viel mehr zusammen gemacht als jetzt. Reihum durfte jeder von ihnen, Kay, Mama und Papa, vorschlagen, wohin sie am Sonntag zusammen gehen sollten. Jeder war also jedes dritte Wochenende mit Bestimmen an der Reihe, und Kay liebte es zu überlegen, was er sich wünschen könnte. Als ihm Finn einmal erzählte, dass er mit seinem Vater in einem

Park ein ferngesteuertes Flugzeug
hat fliegen lassen, haben sie das auch
gemacht. Das hat er sich sogar zweimal hintereinander gewünscht, so schön ist es gewesen! Mama
langweilte sich zwar furchtbar und döste die ganze Zeit
im Gras, aber das machte nichts. Papa und er haben das
Flugzeug dann auf ihrem Bauch landen lassen
und sich kaputtgelacht, als sie mit einem lauten Quieken hochschreckte.

Obwohl Papa jetzt immer da ist, unter-
nehmen sie überhaupt nichts mehr zusammen. Die freie Zeit hat ihren Sinn
verloren und ist nutzlos geworden wie
ein kaputtes Fahrrad.

Ein erneutes Aufheulen reißt Kay aus
seinen Gedanken.

»Bist du schon da? Komm jetzt sofort her!«
Zögernd öffnet Kay seine Zimmertür und
geht langsam die Treppe hinunter.

Es ist nicht gut, Papa um diese Zeit zu begegnen. Deswegen gibt Mama ihm immer Zeichen, wenn die Luft rein ist. Eigentlich.

Er betritt die Küche.

»Da bist du ja! Vielleicht können wir endlich mal essen. Zusammen, so wie es sich für eine anständige Familie gehört!«

Papa sitzt am Tisch. Mama steht mit dem Rücken zu ihnen am Herd und rührt in einer Pfanne. Unerträglich heiß ist es hier, denkt Kay, obwohl alle Fenster sperrangelweit offen stehen. Mama dreht sich kurz zu ihm um, wischt sich mit dem Handrücken über die Stirn und versucht ein aufmunterndes Lächeln, das Kay tapfer erwidert. Dann stellt sie ihm und Papa einen Teller mit Rührei hin.

»Wie war's in der Schule?«, fragt Papa mit vollem Mund.

»Ganz okay.«

»Ganz okay? Das reicht nicht! Nur wer mehr als okay ist, aus dem kann was werden!«

Kay fragt lieber nicht, was aus Papa geworden ist. Bevor er zu Hause blieb, hatte er in einer Autofabrik Teile zusammengeschraubt und sich oft lauthals über die harte Arbeit und die schlechte Bezahlung beschwert.

»Muss ich mit deiner Lehrerin sprechen?«

»Nein, ich sag doch, es ist alles okay«, wehrt Kay leise ab.

Papa schmeißt die Gabel auf den Teller, die klirrend abprallt und zu Boden fällt. Mama springt hinzu, hebt sie auf und bringt eine neue.

»Und ich sage, das reicht nicht!« Papa redet jetzt so laut, dass er etwas Rührei bis zu Kays Teller spuckt. »Also, junger Mann, was machen wir jetzt?«

»Ich geh nach oben«, flüstert Kay und steht auf. Sein Essen hat er fast nicht angerührt.

»Du gehst, wenn ich es erlaube!« Papa brüllt jetzt so laut, dass auch noch das letzte Rührei aus seinem Mund die Flucht ergreift.

»Michael, bitte, lass ihn.«

Mamas Flehen ist kaum zu hören. Kay ist schon im Flur und versucht die Treppe zu erreichen. Doch da steht Papa bereits im Türrahmen.

»Du bleibst hier!«

Kay gibt auf. Es hat keinen Sinn, jetzt nach oben zu laufen. Das macht es nur noch schlimmer. Er weiß das.

Langsam kommt Papa auf ihn zu, richtet sich drohend auf, seine Hände zu Fäusten geballt. Gleichzeitig sinkt Kay mehr und mehr in sich zusammen, als würde Papa alle Kraft aus ihm heraussaugen und für sich selbst gebrauchen.

Dann ist Papa bei ihm und packt ihn an den Armen. Ganz kurz schießt es Kay durch den Kopf, dass er davon noch mehr blaue Flecken bekommen und es noch länger dauern wird, bis er wieder kurzärmelige T-Shirts anziehen kann.

»Das reicht also?«, schreit Papa jetzt so laut, dass es in Kays Ohren anfängt zu rauschen und zu piepen. »Ich sage, wann es reicht! Es reicht nicht, verdammt noch mal!«

»Nein, nicht!« Mama versucht, Papa von hinten festzuhalten. Doch der schüttelt sie ab und brüllt immer weiter. Kay versteht schon längst kein Wort mehr, wenn das überhaupt noch Worte sind, die da aus Papas Mund kommen. Jetzt hebt Papa eine Faust. Kay duckt sich, Papa holt aus und …

Da klingelt es. Durchdringend und anhaltend.

Mit einem Mal halten alle in ihrer Bewegung inne und verstummen. Als hätte jemand in einem Film auf die Pausentaste gedrückt.

Erneut klingelt es, diesmal noch länger. Dann wieder und wieder. Es hört nicht auf.

Entnervt dreht Papa ab, stürmt zur Haustür, reißt sie auf – und gibt nur noch ein verblüfftes Keuchen von sich.

Zaghaft guckt Kay an ihm vorbei. Vor der Tür steht Greta! Den Finger noch auf der Klingel, blinzelt sie Papa durch ihre dicken Brillengläser geradeheraus an.

Der fängt sich schnell wieder. »Was willst du hier?«, fährt er sie an.

An Gretas Brillengläsern bleiben einige Spucketröpfchen haften, doch das scheint sie nicht zu stören. Sie blinzelt einfach weiter.

»Was?«, brüllt Papa und macht einen Schritt auf sie zu.

Kay hält den Atem an.

Greta scheint einen Moment nachzudenken. »Du schreist so laut«, erklärt sie dann. »Hör auf damit.«

Papa starrt sie verständnislos an.

Da erklingt aus dem Nachbargarten eine besorgte Stimme. »Greta? Wo bist du?« Gretas Mutter erscheint an der Straße. Sie sieht Papa. »Alles in Ordnung? Komm da mal weg, bitte, Greta!«

»Hör auf damit!«, bekräftigt die noch einmal. Dann dreht sie sich um und geht seelenruhig zu ihrer Mutter.

Kay ergreift die Gelegenheit und läuft die Treppe hoch. Er hört noch, wie Papa die Haustür zuknallt und ins Wohnzimmer stampft.

Für heute ist es vorbei.

Nähe

»Das von gestern vergisst du am besten ganz schnell wieder«, zischt Kay Greta zu. »Sonst geht's dir dreckig, kapiert?«

Greta guckt ihn verwirrt an, den Mund leicht geöffnet, mit den kleinen, leicht schrägen Augen hinter der Brille ratlos blinzelnd. Sie scheint sich tatsächlich nicht mehr richtig an die Ereignisse vom Vortag erinnern zu können. Umso besser.

Frau Holler, die vorn damit beschäftigt ist, die Bücher wegzuräumen, blickt kurz auf. »Du musst langsam und deutlich mit Greta sprechen, damit sie dich versteht«, erklärt sie.

Kay nickt, wiederholt den Satz aber lieber nicht.

Um sie beide herum entsteht jetzt ein wildes Gedränge und Geschiebe. Die anderen Kinder der Klasse begeben sich auf die Suche nach ihren Schuhen. Gerade hatten sie Lesestunde in der Schulbücherei. Dort darf man nur auf Socken oder barfuß hinein, damit der Teppichboden nicht schmutzig wird. Jetzt müssen sie alle wieder hinüber ins andere Gebäude zum Matheunterricht.

Auch Kay springt auf, doch Greta bleibt vollkommen ungerührt auf ihrem Platz sitzen, als ginge sie die Eile um sie herum gar nichts an.

»Kay, du bringst Greta rüber, okay?«, bittet Frau Holler.

Kay nickt unwillig und schubst Finn zur Seite, der auf seinem linken Schuh steht. »He, das ist meiner!« Während er ihn zubindet, schaut er zu Greta hoch, die sich immer noch keinen Millimeter bewegt hat und einfach vor sich hin starrt.

»Was glotzt du denn so blöd? Zieh deine Schuhe an! Oder soll ich dich etwa rübertragen?«

»Nein«, antwortet Greta nach einer Weile.

»Kay!«, mahnt Frau Holler. »Sei geduldig mit Greta! Sie braucht für manches etwas länger! Es ist nicht so schlimm, wenn ihr zu spät zum Unterricht kommt. Ich sage Frau Weniger Bescheid.« Mit diesen Worten verlässt sie den Raum.

Immer mehr Kinder haben inzwischen nicht nur ihren linken, sondern auch ihren rechten Schuh gefunden und verlassen schubsend und kichernd die Bücherei. Nur Sven kommt noch einmal zu Kay und flüstert ihm verschwörerisch ins Ohr: »Denk dran, frag die fette Chinesin, wann sie mal allein ist. Du weißt schon …!« Sein warmer Atem hinterlässt eine feuchte Spur auf Kays Ohr, die dieser schnell wegwischt.

Nach und nach wird es leerer und leiser, bis nur noch Kay und Greta zurückbleiben.

Kay schaut sich sicherheitshalber noch mal um. Es sind tatsächlich alle weg. »So, jetzt mach mal voran, Dicke. Ich hab keine Lust, den ganzen Tag hier mit dir rumzuhängen!«, schnauzt er Greta an.

Doch die bleibt weiterhin sitzen, sieht ihn scheinbar angestrengt nachdenkend an. Dann hellt sich ihr Gesicht auf. »Ich bin keine Dicke.«

Kay wartet einen Moment, aber mehr kommt nicht. »Okay, HOHEIT«, betont er dann, »könnten Eure Hoheit dann Ihre Schuhe anziehen? Ich nehme mal an, es sind die da hinten?«

Kay greift sich die letzten übrig gebliebenen Schuhe, blaue Sandalen mit einer leuchtend pinken Blume drauf, und schmeißt sie Greta vor die Füße.

Greta guckt ihn nur wieder mit ihrem ratlosen Blinzel-Blick an, als müsste sie eine höchst komplizierte Rechenaufgabe lösen. Schweigen.

Kay stöhnt. Dieses Warten macht ihn ganz zappelig. Sein rechtes Bein wippt schon hektisch auf und ab.

Dann, nach einer Weile, wieder ein erleichtertes Lächeln. »Ich heiße Greta.«

Kays Stöhnen wird lauter. Wenn das so weitergeht, sind sie nächstes Jahr noch hier. Selbst wenn Frau Weniger Bescheid weiß, ist *diese* Verspätung bestimmt übertrieben. Natürlich wird er alles ausbaden müssen und die blöde Kuh hier ist fein raus.

Noch einmal sieht er sich um. Als er sich ganz sicher ist, dass ihn niemand beobachtet, kniet er sich vor Greta hin. »So, Fuß her!«, kommandiert er. Mit erstaunlicher Geschwindigkeit schnellt der erste nackte Fuß vor. Kay stopft ihn unsanft in die Sandale und stellt fest, dass diese mit einem langen Band verschnürt werden muss. Auch das noch. Greta kann bestimmt keine Schleife. Unsanft zerrt Kay an dem Band und bindet es.

»Aua!«, beschwert sich Greta. Dabei sieht sie aber eigentlich ganz heiter aus.

»Nächster!«

Der rechte Fuß kommt angeflogen und verschwindet in der Sandale. Mit verbissenem Gesicht verschnürt Kay auch diese. Er ist sich nicht sicher, meint aber ein leichtes Glucksen zu hören.

»So! Können wir jetzt endlich gehen?«

Greta nickt und steht auf.

Kay seufzt erleichtert. Eilig macht er sich auf den Weg nach draußen. Greta folgt ihm ganz gemächlich. Gemeinsam gehen sie über den Schulhof auf das Gebäude zu, in dem ihr Klassenzimmer liegt. Kay bemerkt, dass Sven sie durchs Fenster beobachtet. Er nickt ihm zu.

»Sag mal«, beginnt Kay und dreht sich zu Greta um, die ein ganzes Stück hinter ihm ist und irgendetwas auf dem Boden zu suchen scheint. »Holt dich deine Mutter eigentlich immer von der Schule ab?«

Normalerweise verhält er sich natürlich unauffälliger, wenn er mit Sven etwas plant. Aber bis Greta bemerkt, worum es geht, ist wahrscheinlich schon die nächste Eiszeit angebrochen.

Erneut denkt Greta nach. Dann nickt sie. »Ja.«

»Immer? Jeden Tag?«

Pause. Nachdenken. »Ja.«

»Und was ist am Nachmittag, nach der Schule, meine ich. Darfst du dann mal was allein machen, irgendwo hingehen oder so?«

Pause. Nachdenken. »Nein.«

»Ist immer deine Mama dabei? Immer und überall?«

Pause. Nachdenken. »Ja.«

Langsam reicht es Kay. »Verdammt, brauchst du immer so lange, bis du antwortest?«

Pause. Nachdenken. »Ja.«

Am liebsten möchte er Greta jetzt mitten in ihr rundes Gesicht brüllen, doch das taucht ganz plötzlich ab. Verwirrt blickt Kay nach unten: Greta hat sich auf einem kleinen Stück Rasen am Rand des Schulhofes auf die Knie fallen lassen und beginnt, den Boden abzutasten.

»Kannst du mir mal sagen, was du da machst?«

»Ich suche Blumen«, antwortet Greta in einem so erstaunten Tonfall, als sei das doch das Natürlichste der Welt.

»Blumen?« Die Dicke scheint ja noch dümmer zu sein als gedacht. »Da gibt es keine Blumen, nur braunes Zeug. Das sieht man doch.«

»Ja«, bekräftigt Greta begeistert und lässt weiter ihre Hände über das Gras laufen. Plötzlich stoppt sie und gräbt los. Vorsichtig hebt sie etwas auf und umschließt es so sorgfältig mit einer Hand, als sei es ein kostbarer Schatz. Dann unternimmt sie zwei Versuche aufzustehen. Da sie sich aber nur mit einer Hand abstützen kann, plumpst sie immer wieder zurück auf die Knie.

Kay verdreht genervt die Augen und guckt zum Himmel, als sei von dort Hilfe zu erwarten. Aber da ist nichts, also muss er es wohl selbst übernehmen. Er tritt hinter

Greta, packt sie unter den Armen und stellt sie mit Schwung auf die Füße.

Greta kichert.

Eigentlich will Kay zurück in die Klasse, doch seine Neugier ist größer. »Was hast du denn da?«

Stolz hält ihm Greta ihre geschlossene Hand direkt unter die Nase und öffnet sie langsam.

Kay guckt. »Was soll das denn sein?«, fragt er gedehnt.

Jetzt sieht ihn Greta an, als sei *er* schwer von Begriff. »Eine Blume.«

Kay ist klar, dass er nicht viel von Blumen versteht. Aber wenn das hier eine Blume ist, dann ist er ein Raumfahrer im Baggersee. Obwohl … wenn er ganz genau hinguckt, sieht er zwischen all dem braunen Mus aus Erdkrümeln eine Art Stängel und einen sehr winzigen und sehr traurigen Blütenkopf.

Er schaut Greta fragend an. Diesmal kommt ihre Antwort überraschend schnell, als hätte sie sie schon oft geübt.

»Ich suche immer Blumen«, erklärt sie eifrig. »Manche sehen sehr schön aus und blühen toll. Dann geht es ihnen gut. Manchen geht es nicht gut.«

Kay guckt wieder auf die braunen Krümel in Gretas Hand. »Dieser geht's wohl nicht gut«, bemerkt er trocken.

Greta schüttelt traurig den Kopf. »Nein«, bestätigt sie. »Sie steht falsch. Aber ich bringe sie an den richtigen Platz. Tust du sie mir in den Ranzen?«

Kay nickt, nimmt Greta die Blume ab und lässt sie

in ihren Ranzen fallen, nicht ohne vorher noch einmal schön die Erde über alle Hefte verteilt zu haben.

»Oh.« Greta bemerkt, dass sich eine Sandale geöffnet hat. Bevor Kay reagieren kann, hat sie sich schon gebückt und eine Schleife gebunden. Erstaunlich schnell.

»Du kannst Schleifen binden?«, fragt er wütend.

»Ja, aber ich mach es nicht gern!«

Greta strahlt ihn an. Breiter und breiter wird ihr Grinsen. Schließlich fängt sie so sehr an zu lachen, dass ihr ganzer massiger Körper mitzittert. Nicht einmal die Hand hält sie sich dabei vor den Mund und Kay kann an ihren kleinen Zähnen vorbei bis nach hinten auf ihr Zäpfchen gucken.

»Was ist daran so witzig?«, fragt er bissig.

»Du hast es für mich gemacht!«, antwortet Greta laut prustend.

Das gibt's doch nicht, die Dicke hat ihn geleimt und für sich arbeiten lassen! Und jetzt lacht sie ihn auch noch aus! Kay ist stocksauer und will ihr gerade wütend eine passende Antwort geben, als es passiert.

Greta beruhigt sich ganz plötzlich wieder, lächelt ihn liebevoll an und macht einen Schritt auf ihn zu. Dann umarmt sie ihn. Einfach so, ganz fest. Mit ihren kurzen Armen hält sie ihn umklammert und drückt ihren runden Kopf an seine Brust. Still bleibt sie so stehen.

Kay hält vor Überraschung die Luft an und streckt seine Arme weit von sich. Er schaut herunter. Greta ist viel kleiner und er kann ihren Scheitel sehen. Der ist schnurgerade gezogen, kein Härchen liegt an der falschen Stelle. Wahrscheinlich hat sie dafür ihre Mutter eingespannt, weil sie es selbst nicht gern macht. Ihre leicht abstehenden Ohren schimmern zartrosa.

Langsam dringt ihre Wärme durch Kays Shirt, sie will sich mit seiner verbünden. So ein Gefühl hat er schon lange nicht mehr gehabt. Früher hat er viel und oft gekuschelt. Meist mit Mama, wenn er sich wehgetan oder schlecht geträumt hatte. Oder einfach nur so, wenn ihm danach war. Schön ist das gewesen. Mit Papa ging es wilder zu, sie kitzelten sich gegenseitig durch oder schubsten sich. Aber nur ganz leicht. Mit seinen kräftigen Armen konnte Papa ihn auch hochheben und auf seine Schultern setzen, wenn er vom Laufen müde war.

Lange hat Kay nicht mehr daran gedacht. Jetzt ist alles wieder da, während er so mit Greta steht.

Plötzlich bemerkt Kay, dass sich seine Augen wie in einem tiefen Schlaf geschlossen

haben. Schnell reißt er sie weit auf und stößt Greta unsanft von sich. »He, was soll das!«

Greta schaut erschrocken hoch. »Ich umarme dich!«

Aber das hört Kay schon nicht mehr. Hastig hat er
sich umgedreht und stürmt Richtung Klassenzimmer, als
sei irgendetwas hinter ihm her. Ein Wolf vielleicht.

Stille

Heute nickt ihm Mama durchs Fenster hindurch zu. Kay seufzt erleichtert, geht zur Haustür und wartet einen Moment, bis sie ihm aufmacht. Ohne ein Wort zu sagen, gehen beide in die Küche. Mama schließt die Tür sorgfältig. Erst dann beginnt sie zu sprechen.

»Hallo, mein Großer«, meint sie zärtlich und streicht Kay übers Haar, »wie war's denn heute? Alles in Ordnung?«

»Na klar, Mama«, erwidert Kay und lässt sich auf einen Stuhl fallen. »Alles bestens, wie immer.«

Mama nickt zufrieden, füllt einen Teller mit Nudeln und stellt ihn vor Kay auf den Tisch. Sie setzt sich ihm gegenüber und schaut ihn auffordernd an.

»Isst du nichts?«, fragt Kay kauend.

»Nein, ich habe heute nicht so großen Hunger.«

Kay hätte gar nicht fragen müssen, und auch Mamas Antwort war überflüssig. Denn in letzter Zeit sind alle ihre Gespräche immer gleich: Wie war's denn heute? Danke, alles bestens. Isst du heute nichts? Nein, ich habe keinen Hunger, und so weiter. Es ist wie ein fortwährendes Spiel zwischen ihnen, ohne dass sie es je vereinbart hätten: Alles ist gut, könnte gar nicht besser sein, eigentlich ist alles so wie immer, wie früher.

Kay sieht Mama über den Rand der Nudeln, die er gerade auf seiner Gabel balanciert, hinweg an. Wenn er ehrlich ist, sieht er ganz genau, dass Mama doch Hunger haben muss, denn sie ist ganz dünn geworden und blass. Müde sieht sie auch aus, aber das wundert Kay nicht. Schließlich steht sie immer sehr früh auf, wenn es draußen noch dunkel ist, damit die Nachbarn sie nicht sehen. Dann schleicht sie sich zu den Containern an der Straßenecke und bringt die Flaschen weg, die Papa am Tag vorher ausgetrunken hat.

Manchmal, wenn Kay nicht schlafen kann, steht er auf, sobald er das leise Klirren der Flaschen hört. Von seinem Fenster aus sieht er Mama zu, wie sie, leicht gebückt vom Gewicht, mit zwei großen schweren Taschen die Straße entlanghuscht. Dann fürchtet er plötzlich, dass nicht nur Flaschen darin sind, sondern auch Kleidung, und dass Mama endgültig genug von ihm und Papa hat und weggeht.

Ganz genau zählt er die Sekunden, die vom letzten Flascheneinwurf, den er, wenn er sich anstrengt, in der Ferne hören kann, vergehen, bis Mama wieder an der Ecke erscheint. Meistens sind es zwischen 123 und 135, aber einmal, letzten Montag, waren es 154!!! Jede dieser 19 Sekunden, die es länger dauerte als sonst, pikste ihm mit einer unsichtbaren Nadel mitten ins Herz.

Ein letzter Satz fehlt noch in Mamas und seinem Spiel. Da kommt er schon.

»Bist du heute wieder mit Finn verabredet?«

»Klar, Mama.«

Schon lange kommt Finn sie nicht mehr besuchen. Aber Mama tut einfach so, als würde sie das gar nicht bemerken. Sie hat Finn sehr gemocht. Kay glaubt nicht, dass sie Sven genauso gernhätte.

Hastig kaut er an seinen Nudeln, während Mama ihm zusieht. Das Klirren seiner Gabel auf dem Teller, wenn er neue aufspießt, ist das einzige Geräusch im ganzen Haus. Nichts sonst regt sich. Kay entspannt sich, heute kann er sich mehr Zeit beim Essen lassen.

Mama hat die Stille auch gehört. Erleichtert lächelt sie ihm zu.

Früher hat Kay es überhaupt nicht gemocht, wenn nichts mehr zu hören war im Haus. Dann hat er sich sehr allein gefühlt, sich vorgestellt, dass Mama und Papa auf unerklärliche Weise verschwunden wären, vielleicht in einen tiefen Schlund voller Feuer gestürzt oder so etwas. Und nun würde das Schicksal noch überlegen, welche schrecklichen Dinge es mit ihm vorhat. Und niemand, absolut niemand wäre da, um ihm zu helfen.

Genau diese Geschichten erzählte ihm die Stille damals. Doch sobald sie unterbrochen wurde von Geräuschen, die Kay kannte, war der Spuk vorbei: der laufende Fernseher, gedämpfte Schlagermusik, Mamas und Papas Stimmen. All dies schlug das grausame Schicksal in die Flucht und zeigte ihm, dass er nur ein kleiner Junge war, der im Bett lag und auf den Schlaf wartete.

Wenn er allerdings nachts aufwachte, funktionierte das nicht. Dann musste er manchmal hinüber in Mamas und Papas Schlafzimmer und in ihr Bett schlüpfen. Es ging nicht anders. Auch wenn sie sich müde bei ihm beschwerten, er musste ganz nah an sie heran. Nur so konnte er ihren beruhigenden Atem hören.

Die Stille heute erzählt andere Geschichten. Wenn er mittags aus der Schule nach Hause kommt, sagt sie ihm, dass Papa schon seinen Mittagsschlaf hält. Dann besteht keine Gefahr mehr, dass er Kay komische Dinge fragt und vielleicht einen Streit anfängt oder auch jammert und sich beklagt und vielleicht sogar weint. Diese Stille verspricht, dass Papa für mindestens zwei Stunden auf dem Wohnzimmersofa liegt und sich nicht rührt.

Und es gibt eine weitere, die noch viel, viel wichtiger ist: die am Abend, spät, wenn Kay schon lange im Bett liegt. Das ist die Stille, die aus Mamas und Papas Schlafzimmer dringt. Kay liegt dann da und hofft, dass sie möglichst lange andauert. Doch er kann spüren, wie sie lautlos zu weichen beginnt, wie es ihr zu eng wird und sie Platz machen muss für einen Laut, der anschwillt und sie bedroht und schließlich zerreißt wie einen alten Lumpen, der nichts mehr taugt. Dieses Geräusch ist schrecklicher als alles andere, und Kay muss sich schnell die Ohren zuhalten, um bloß nichts davon zu hören, von Mamas leisem Wimmern.

Jetzt lässt er die letzte Nudel durch seine Lippen flutschen und leckt sich die Soße ab. »Danke, Mama, war lecker!«

In diesem Moment werden kleine Steinchen ans Fenster geworfen.

Schnell steht Kay auf. »Ich muss los!«

»Ja, mach nur«, meint Mama, während sie Wasser in die Spüle laufen lässt. »Das ist bestimmt Finn.«

»Ja, natürlich, das ist Finn«, antwortet Kay und wünscht sich plötzlich, dass es tatsächlich so wäre. Er gibt Mama einen Kuss auf die Wange und schlüpft eilig nach draußen.

Dort wartet Sven.

Spaß

»Achtung, Arschbombe!«

Den Worten folgt ein lautes Platschen und ein noch lauteres Kreischen. Neidisch sieht Kay zu, wie Sven hinten im Schwimmerbecken prustend und lachend wieder auftaucht und den weglaufenden Mädchen noch eine ganze Ladung Wasser hinterherspritzt. Na super! Sven kann machen, was er will, und er muss sich hier vor der Mädchenumkleide zu Tode langweilen.

Wo Greta nur bleibt? Kay wirft einen verstohlenen Blick hinüber zu Frau Holler. Nein, da ist nichts zu machen. Er kann nicht einfach abhauen, sie ist die ganze Zeit in seiner Nähe und passt auf. Nur Herr Märlin, ihr Sportlehrer, ist schon hinten bei seinen Klassenkameraden. Er ist wie immer ihre Begleitung für den alljährlichen Sommerausflug, der diesmal wegen der Hitze ins Schwimmbad geht.

Endlich öffnet sich die Tür, hinter der Greta vor einer Ewigkeit verschwunden ist. »Fertig!«, verkündet sie aufgeregt.

Ja, das sieht Kay. Greta ist fertig zum Schwimmen: Sie trägt einen Badeanzug mit so auffallend roten Blumen, dass sie als Chamäleon in einem Klatschmohnfeld durchgehen würde. Ihre beiden Zöpfe hat sie sich oben zu einer

Art Schleife zusammengebunden, die sie stolz wie eine Krone auf dem Kopf balanciert. Na ja, wenigstens hat sie sich nicht diese neonorangen Baby-Schwimmflügel übergestülpt.

»Du musst mir helfen!«, fordert Greta ihn in diesem Moment auf und streckt ihm etwas entgegen. Schwimmflügel. In Neonorange.

Kay will gerade abwehrend den Kopf schütteln, als er Frau Hollers mahnenden Blick auffängt. »Okay, gib schon her«, entgegnet er also zähneknirschend. »Dann kommen wir vielleicht heute auch noch mal irgendwann ins Wasser.«

So kräftig er kann, pustet Kay die Schwimmflügel auf. Aber prall gefüllt bekommt er sie nicht über Gretas Arme. »Aua!«, protestiert sie, als er ungeduldig daran herumzerrt. Also zieht ihr Kay die Schwimmflügel wieder aus und lässt etwas Luft ab. Danach geht es zwar besser, aber nun sind die Flügel zu locker und rutschen immer wieder herunter.

Kay stöhnt. »Ich puste die blöden Dinger jetzt direkt an deinem Arm auf!« Er beugt sich runter zum Ventil und hält Greta an Schulter und Handgelenk fest, damit sie stillhält. Die rührt sich aber nicht das kleinste bisschen, sondern scheint das Ganze leise kichernd zu genießen.

»So, fertig. Los jetzt!«, gibt Kay schließlich das Kommando und läuft voran, zu Sven. Aber da hört er Frau Holler laut rufen.

»Halt, warte, Kay!« Schnell kommt sie zu ihm. »Mit Greta kannst du nicht ins Schwimmerbecken.« Ihr Blick fällt auf einen großen blauen Fleck an seinem Arm. »Was ist denn da passiert?«

»Nichts, nicht schlimm, bin nur hingefallen«, gibt Kay ausweichend zur Antwort. »Aber wieso können wir nicht ins Schwimmerbecken?«

Frau Holler guckt ihn nachdenklich an. »Ich glaube, ich muss doch noch mal mit deinen Eltern reden, Kay. Ich werde deine Mutter anrufen.« Sie nickt bestätigend, dann seufzt sie. »Im tiefen Becken wäre es für Greta viel zu gefährlich. Du kannst mit ihr nur ins flache. Aber keine Angst, du musst nicht allein aufpassen. Ich bleibe die ganze Zeit in eurer Nähe und der Bademeister weiß auch Bescheid.«

Kay schluckt. Er soll also mit Greta ins Nichtschwimmerbecken zu den Babys. Wahrscheinlich den ganzen Tag lang. Und vielleicht zum Schluss auch noch im Sandkasten mit Förmchen spielen? Das ist ja wirklich ein toller Ausflug!

»Na los, Greta ist schon weg«, fordert ihn Frau Holler lächelnd auf.

Fluchend setzt sich Kay in Bewegung. Greta ist bereits ins Becken gehüpft, mit zugehaltener Nase. Dabei reicht ihr das Wasser nur bis zu den Knien. Kichernd spritzt sie ihm ein paar Tropfen ins Gesicht.

»He, lass das«, wehrt Kay ab. Was soll er denn jetzt mit Greta die ganze Zeit machen? »Hast du schon mal versucht zu schwimmen?«, fragt er halbherzig. Er taucht ein und macht mit den Armen Schwimmbewegungen. »Guck, so geht das.«

Gehorsam lässt sich Greta nach vorn fallen. Aber anstatt ihre Arme mit den Schwimmflügeln zu bewegen, lässt sie sie nur wie zwei Bojen auf dem Wasser treiben.

Plötzlich reißt sie ihre Augen weit auf und zeigt zum gegenüberliegenden Beckenrand. »Da!«, ruft sie aufgeregt und beginnt, mit aller Kraft vorwärtszustürmen, wobei sie wahre Flutwellen erzeugt.

Kay versucht kraulend, ihr zu folgen, stößt sich dabei aber immer wieder die Knie am Beckenboden. Schließlich bleibt Greta stehen, und Kay erkennt, was sie so in Begeisterung versetzt hat: Am Rand schaukelt ein riesiges Schwimmtier, eine Art Drache, mit einem großen, breiten Rücken. Ein kleines Mädchen hält das Ungetüm fest und streichelt ihm immer wieder liebevoll seinen langen Hals.

»Das will ich haben!«, ruft Greta mit leuchtenden Augen und schnappt sich einfach das Schwimmtier. Sofort fängt das kleine Mädchen an zu weinen.

»Halt die Klappe. Sie will es sich doch nur kurz ausleihen«, schnauzt Kay die Kleine an, die bei diesen Worten aber in nur noch lauteres Geheul ausbricht und wild an ihrem Schwimmtier herumzuzerren beginnt. Da nähern sich von der einen Seite Frau Holler und von der anderen eine unbekannte Frau, die dem Mädchen auffallend ähnelt und wahrscheinlich ihre Mutter ist.

Wenn das hier nicht in einer Katastrophe enden soll, für Greta und auch für ihn, dann muss er das jetzt regeln, das ist Kay klar. Also hebt er beschwichtigend die Arme und ruft beiden Frauen zu: »Keine Sorge, ich mache das hier schon, kein Problem!« Dann senkt er seine Stimme. »Und ihr haltet jetzt beide den Mund, verstanden?«

»Ich will reiten«, gibt Greta trotzig zurück.

Ihre Finger umklammern inzwischen den Drachenhals so fest, dass der ganz eingedrückt wird und Kay befürchtet, er könnte gleich platzen. Dann versucht sie, ein Bein über den Rücken zu schwingen, um aufzusteigen. Jetzt kippt das Schwimmtier gefährlich zur Seite.

»Das ist meine Nessie!«, heult das kleine Mädchen wieder los, noch lauter als eben.

Schon drehen sich alle Köpfe nach ihnen um. Auch Sven ist auf sie aufmerksam geworden. »Was ist, spielst du jetzt lieber mit kleinen Mädchen?«, ruft er ihm vom Schwimmerbecken aus höhnisch zu. »Lass die doch absaufen und komm rüber!«

Kay winkt nur genervt ab. »Pscht, nicht so laut«, fährt er die Kleine an. Doch als sie daraufhin nur noch weiter den Mund aufreißt, zwingt er sich, etwas freundlicher zu klingen. »Du könntest Greta doch ganz kurz reiten lassen und dann geben wir dir Nessie sofort zurück«, schlägt er vor.

Das Mädchen überlegt, während Greta weiterhin versucht aufzusteigen. Nessie schwankt inzwischen hin und her wie ein kleines Ruderboot in einem Orkan. »Aber nur, wenn ich dann auf dir reiten kann«, entgegnet sie schließlich.

»Auf mir …« Jetzt muss Kay nach Luft schnappen.

»Ja«, bestätigt die Kleine. »Auf deinen Schultern, wie bei Papa!«

Wie bei Papa. Kay schließt ergeben die Augen. Wenn er verhindern will, dass Nessie in allerspätestens zehn Minuten in bunten Fetzen auf dem Wasser treibt oder das Mädchen wieder so laut zu heulen anfängt, dass der Bademeister kommt und sie vor ihm retten will, dann muss er sich wohl darauf einlassen.

»Okay. Aber nur ganz kurz, verstanden? Und dann gehen wir raus und du, Greta, setzt dich einfach still auf dein Handtuch, kapiert?«

Aber Greta ist zu abgelenkt, um ihm zuzuhören. Sie versucht gerade, durch Hüpfen den Rücken des Schwimmtiers zu entern. Seufzend stemmt Kay beide Hände unter ihren Po und hievt sie hinauf.

»Juchhu!«, jubelt Greta, als hätte sie gerade beim Rodeo den wildesten aller Stiere bezwungen. »Hüa, hüa!«

Kay hält jetzt besser mal Nessies Hals fest. Das kleine Mädchen guckt ihn unterdessen streng mit in die Seiten gestemmten Armen an. Also geht er in die Hocke und lässt es auf seine Schultern klettern. Ein wenig schwankend richtet er sich wieder auf, während er es an den Beinen festhält.

»Jippieh!«, jubelt jetzt auch sie. »Wir reiten zusammen! Vorwärts! Vorwärts!«

Die Kleine entpuppt sich, trotz ihrer Körpergröße, als ganz schön schwer. Mühsam schleppt sich Kay durchs Wasser. Mit der einen Hand hält er die Beine des Mädchens fest, mit der anderen zieht er Nessie mit Greta hinter sich her. Bald haben sie eine ganze Schlange von kleinen Kindern hinter sich, die laut kreischend darum betteln, auch mal reiten zu dürfen.

»So, Schluss jetzt«, meint Kay schließlich. »Deine Mutter möchte gehen.«

Er zeigt auf die Frau am Beckenrand, die dem kleinen Mädchen seit ein paar Minuten ungeduldig zuwinkt. Vorsichtig hebt er die Kleine von seinen Schultern und hilft dann auch Greta beim Absteigen. Die schmiegt sich dabei um seinen Hals, als sei sie die Prinzessin und er der Prinz, der sie vor dem fürchterlichen Drachen rettet.

»Ist gut«, meint das Mädchen, greift sich Nessie und läuft fröhlich platschend aus dem Wasser. Am Rand dreht sie sich noch einmal um. »Du bist nett!«, ruft sie und winkt Kay zum Abschied zu.

»Ja«, bestätigt Greta zufrieden. »Du bist nett!«

Ganz selbstverständlich nimmt sie seine Hand. Kay will sie erst schnell wegziehen, aber dann lässt er sie einfach in Gretas liegen. Was soll's. Er kann doch nur froh sein, dass Greta nicht auch noch auf seinen Schultern reiten will.

Wut

»Da oben können wir warten!« Sven zeigt auf die kleine Holzbrücke, die über den Bach bei den Schrebergärten führt. »Mehrmals am Tag kommen sie hier vorbei, immer wenn sie zum Teich wollen.«

Kay nickt und macht sich auf die Suche nach einem geeigneten Stein. Groß soll er sein, aber doch nicht zu schwer, damit sie ihn schnell herunterstoßen können. Prüfend tritt er vor einige Kiesel, bückt sich schließlich, teilt das hochgewachsene Gras und nimmt einen in die Hand. »Der ist gut.«

Gemeinsam klettern er und Sven den Hang hoch. Bäuchlings legen sie sich auf die Brücke und robben ganz nah an den Rand, damit sie sehen können, wann sie kommen. Den Stein legen sie genau zwischen sich.

Dann warten sie eine ganze Weile. Doch erst einmal passiert nichts. »Dauert das noch lange?«, stöhnt Kay.

Sie liegen ungeschützt mitten in der prallen Sonne.

»Mensch, weiß ich doch nicht«, pflaumt Sven genervt zurück.

Kay rückt den großen Stein zurecht, schiebt ihn näher an den Rand heran. Jetzt steht er schon ein wenig über, aber nur so weit, dass er nicht herunterfällt. Noch nicht.

»Hast du eigentlich inzwischen mal was über die Fette rausgekriegt? Wann sie mal allein ist und so? Damit wir ihr richtig eine verpassen können dafür, dass du ihren Babysitter spielen musst!« Sven spuckt in hohem Bogen von der Brücke.

Kay schüttelt den Kopf. Schweiß läuft ihm von der Stirn in die Augen. Wie das brennt! Er blinzelt und versucht, den Schmerz fortzuwischen, macht es mit seinen schmutzigen Händen aber nur noch schlimmer.

»Nee, noch nicht, aber ich bin dran. Das wird gar nicht so einfach. Morgens wird sie zur Schule gebracht und mittags abgeholt. Klar, so eine kann man ja auch nicht allein lassen.«

So eine. Plötzlich ist Kay froh, dass Greta ihn nicht hören kann.

»Ständig ist ihre Mama in der Nähe«, fügt er hinzu und versucht dabei, so verächtlich wie möglich zu klingen.

»Wart's nur ab, die knöpfen wir uns schon noch vor«, knurrt Sven grimmig.

Da ist plötzlich aufgeregtes Schnattern zu hören, das langsam näher kommt.

»Aber jetzt sind erst mal unsere lieben kleinen Flauscheküken dran«, bemerkt Sven zufrieden.

Kay beschattet sich mit einer Hand die Augen und guckt angestrengt in die Ferne. Er kann kleine dunkle Punkte erkennen, die rasch größer werden. Eine Entenfamilie watschelt heran, allen voran unablässig schnatternd Mama Ente. Laut piepsend folgen ihr sechs kleine gelbe Küken. Aufgeregt hin und her hüpfend versuchen sie, mit ihrer Mutter Schritt zu halten und sie auf dem Weg den Bach entlang nicht zu verlieren.

Nur ein einziges scheint das, was es links und rechts zu sehen gibt, interessanter zu finden. Immer wieder büxt es aus, verschwindet kurz hinter einem hohen Grasbüschel, kommt wieder piepsend hervor und macht sich sofort an die nächste aufregende Entdeckung. Es sieht auch anders aus als die anderen, hat als einziges einen großen braunen Fleck auf einem Flügel. Inzwischen ist es ein gutes Stück

zurückgefallen. Die Entenmama mit ihrem gelben Gefolge hingegen hat fast die Brücke erreicht.

Kay packt den Stein und guckt Sven fragend an. Der liegt lauernd da, angespannt. Sein Gesicht, das er nun Kay zuwendet, ist schweißnass und rot. »Nein, wir warten noch. Wir nehmen das da hinten.«

Erschrocken schaut Kay wieder zu dem Küken mit dem braunen Flügel. Dieses soll es also sein, dieses Küken, das ganz allein unterwegs ist. Kay zögert. »Aber wieso denn, die in der Gruppe können wir doch viel leichter treffen! Warum sollen wir warten?«, zischt er Sven zu.

»Darum eben, weil ich es so will«, antwortet der scharf, ohne ihn anzublicken.

Das Küken mit dem braunen Flügel hat nun auch bemerkt, dass es Gefahr läuft, seine Mutter und Geschwister zu verlieren. Eifrig streckt es sich in die Höhe und schaut aufgeregt umher. Dann watschelt es los, schnell, immer schneller, seiner Familie hinterher zum Teich in Richtung Brücke. Kopf und Hals hält es weit nach vorn gereckt, es sieht aus, als würde es sich selbst hinterherlaufen. Als es näher kommt, meint Kay sogar das eilige Patschen seiner kleinen Füße zu hören.

Kay bemerkt, dass sich seine Muskeln wie von selbst anspannen, sein ganzer Körper sich aufrichtet wie der eines Raubtieres auf der Jagd, um im richtigen Moment losspringen und die Beute packen zu können. Mit jeder Faser, die härter wird, kehrt mehr von der Wut in ihm zurück, die er jetzt braucht, dunkel und dumpf, gefürchtet und doch seit einiger Zeit allzu sehr vertraut.

Kay beobachtet, wie das Küken auf die Brücke zuläuft, ahnungslos seinem Schicksal entgegen. Seine Hand liegt auf dem Stein, direkt neben Svens, beide bereit zu stoßen. Er bewegt sich, und das Geräusch lässt das Küken erschreckt den Kopf heben. Für einen kurzen, furchtbaren Moment schauen sich beide in die Augen.

Plötzlich möchte Kay das alles nicht mehr. Er will das Küken aufhalten, schüttelt warnend den Kopf. Doch es läuft einfach weiter. Jetzt ist es genau unter der Brücke. In diesem Moment brüllen er und Sven gleichzeitig los, die Worte »Jetzt!« und »Nicht!« prallen brutal aufeinander wie zwei Fäuste im Kampf. Kay spürt, wie der Stein einen Stoß erhält, unter seiner Hand hindurchrutscht und die Brücke hinuntersaust.

Er schließt die Augen, als könnte er dadurch vermeiden, den folgenden Laut zu hören. Ein hohes, panisches Quieken. Neben ihm springt Sven jubelnd auf.

»Getroffen! Getroffen! Komm, das holen wir uns!«

Kay rennt und schlittert hinter Sven her, die Böschung hinunter. Er versucht, ihn einzuholen. Beide laufen auf das Küken zu, dessen Flügel mit dem braunen Fleck unter dem Stein an der Spitze eingeklemmt ist. Gleich wird Sven es erreicht haben.

Hau doch ab! Hau doch endlich ab!, will Kay rufen, aber seltsamerweise kommt nicht der leiseste Ton aus seiner Kehle, als hätten seine Stimmbänder vergessen, wie das funktioniert. Das Küken sieht sie beide kommen und beginnt panisch, mit dem freien Flügel zu schlagen. Zu seinem angstvollen Gepiepse kommt nun noch lautes Geschnatter hinzu: Die Entenmutter hat das Rufen ihres Kükens gehört und kehrt zurück. Doch sie ist nicht schnell genug, gegen die Jungen hat sie keine Chance.

Kay packt Sven kurz entschlossen am Bein, lässt sich fallen und reißt ihn mit sich.

»He, du Blödmann, was soll das!«, brüllt Sven erbost.

»Wenn du das jetzt machst, bist du nicht mehr mein Freund, hörst du? Dann bist du nicht mehr mein Freund«, schreit Kay los, so laut er kann. Dabei hält er Svens Bein weiter fest umklammert.

»Was?« Sven hört auf zu ziehen und dreht sich, noch immer auf dem Boden liegend, zu ihm um. »Warum das denn?« Sein Gesicht zeigt dabei einen so entsetzten Ausdruck, wie Kay ihn noch nie an ihm gesehen hat.

In diesem Moment gelingt es dem Küken, seinen Flügel mit einem Ruck unter dem Stein hervorzuziehen. So schnell es kann, läuft es seiner Mutter entgegen. Die treibt es laut schnatternd unter der Brücke hindurch, dem rettenden Teich entgegen.

Bald sind beide aus ihrem Blickfeld verschwunden. Zurück bleibt nur eine einzelne braune Feder.

Freude

»Kay! Huhu! Hier bin ich!«

Überrascht schaut Kay hoch. Es ist früher Morgen und er ist auf dem Weg ins Klassenzimmer. Wie immer laufen die Erstklässler bei seinem Anblick davon. Kay treibt sie in einigem Abstand vor sich her, als wären sie und er zwei gleichpolige, sich gegenseitig abstoßende Magneten.

Und nun das.

Wie ein Fels steht Greta mitten im Strom der Kinder und strahlt ihn an. Erst kann er es nicht glauben, aber sie wartet tatsächlich auf ihn! Und nicht nur das, sie scheint sich außerdem richtig auf ihn zu freuen! Ganz komisch fühlt Kay sich plötzlich, irgendwie verwirrt. Da ihm nichts Besseres einfällt, geht er einfach weiter.

Greta aber stört sein Schweigen nicht, sie schließt sich ihm sofort an und hüpft fröhlich neben ihm her. Kay wirft ihr einen kurzen, ungläubigen Blick zu. Sie sieht so froh aus, als sei allein durch sein Auftauchen die ganze große Welt in allerbester Ordnung! Jetzt muss Kay selbst ein bisschen lächeln.

Das vergeht ihm allerdings schnell wieder. In der ersten Stunde haben sie Kunst, nicht gerade Kays Lieblingsfach.

Es bedeutet nämlich vor allem, eine weitere Stunde bei Frau Weniger auszuhalten. Während alle Kinder schon dabei sind, ihre Tuschekästen und Pinsel auszupacken, setzt sich Kay auf seinen Platz und ballt seine Fäuste in den Hosentaschen.

»Heute sollt ihr mal passend zum schönen Wetter ein Sommerbild malen«, erklärt Frau Weniger. »Wie wäre es mit einer bunten Blumenwiese?«

Sofort springen alle Kinder mit ihrem Wasserbecher in der Hand auf und drängen sich zum Waschbecken. Kay schlendert gemütlich nach vorn, so eilig hat er es mit dem Malen nicht.

Kurze Zeit später sitzt er lustlos vor dem leeren Blatt. Wie sieht eine Blume aus? Rot. Also taucht er seinen Pinsel erst ins Wasser und dann ins rote Farbtöpfchen. Missmutig zieht er auf dem Blatt einen Kreis, den er schlampig ausmalt. Was braucht er noch? Einen grünen Stängel. Aber schon dieser Strich geht völlig daneben. An der Stelle, an der er mit Grün über den roten Kreis gemalt hat, sieht alles nach brauner Kacke aus. Schon besser. Unwillkürlich muss er grinsen und macht mit neuem Schwung weiter.

Alle möglichen Farben probiert Kay aus, schließlich soll das Sommerbild schön bunt werden, und malt alle übereinander. Zum Schluss ist das ganze Blatt toll eklig braun. Ob das Frau Weniger wohl gefallen wird?

Da steht sie schon hinter ihm.

»Das war ja klar, Kay«, stößt seine Lehrerin scharf hervor, »von dir habe ich nichts anderes erwartet. Eine *bunte* Blumenwiese solltet ihr malen, wenn ich mich recht erinnere!«

Im Klassenzimmer beginnt es zu rumoren. Einige Kinder drehen sich zu ihnen um, gucken auf sein Blatt und kichern.

»Das mache ich doch«, entgegnet Kay und senkt den Kopf wie ein Stier kurz vor dem Angriff.

»So?«, kreischt Frau Weniger. »Das machst du also? Von Blumen ist auf deinem eingesauten Blatt aber weit und breit nichts zu sehen!«

Das Kichern in der Klasse verwandelt sich in höhnisches Gegackere.

Jetzt hält Frau Weniger auch noch sein Blatt hoch und zeigt es herum. »Seht ihr hier vielleicht schöne Blumen? Also, ich kann beim besten Willen keine entdecken!«

Lautes, hemmungsloses Lachen ist die Antwort. Kay bemerkt, wie seine Wangen zu brennen beginnen. In seinem Kopf hämmert es, als versuche ihn jemand von innen zum Platzen zu bringen. Da durchschneidet eine empörte Stimme das vergnügte Gekreische.

»Ich aber!!!«

Frau Weniger, die schon wieder auf dem Weg nach vorn ist, wendet sich um. Kay merkt genau, welche Anstrengung sie ihr zuckersüßer Ton kostet.

»Was, aber, liebe Greta? Was meinst du?«

»Ich sehe aber schöne Blumen!«, erklärt Greta laut und bestimmt.

Plötzlich wird es mucksmäuschenstill im Klassenraum. Alle Kinder scheinen den Atem anzuhalten.

»Lass gut sein, Greta. Das verstehst du nicht. Halte dich da lieber raus«, entgegnet Frau Weniger nicht mehr ganz so zuckersüß.

»Ich sehe sie aber!«, empört sich Greta ein zweites Mal. »Das sind Blumen! Braune Blumen! Die gibt es auch!«

Jetzt ist sie es, die Kays Bild vom Tisch nimmt und hochhält. Und wie zum Beweis hält sie ihr eigenes daneben.

Das sieht ganz genauso aus.

Diesmal lachen Kay, Greta und alle Kinder der Klasse gemeinsam. Nur Frau Weniger stimmt nicht mit ein.

»Kay!«

Zum zweiten Mal an diesem Tag ruft ihn Greta voller Freude zu sich.

Zögernd geht Kay nach vorn. Sie haben jetzt Sport in der großen, neuen Turnhalle. Das ist ihm schon lange nicht mehr passiert, dass ihn jemand als Erstes in seine Mannschaft wählt. Denn obwohl er eigentlich sehr gut Basketball spielt, will ihn meist niemand in seinem Team haben. Er und Sven bleiben fast immer bis zum Schluss übrig.

Ihr Sportlehrer Herr Märlin hat trotz der Proteste der anderen Kinder darauf bestanden, dass Greta heute eine der Mannschaften wählen darf, sie und Finn. Sofort hat Greta ihn aufgerufen, so als wollte sie Finn zuvorkommen. Aber der würde Kay sowieso nicht nehmen.

Ab jetzt zeigt Greta nur noch auf jedes Kind, das sie in ihrem Team haben möchte. Wahrscheinlich kennt sie noch nicht alle mit Namen. Das Ganze scheint ihr ziemlich viel Spaß zu machen, denn sie zeigt lachend immer schneller hintereinander auf eine ganze Reihe Kinder.

»Greta, bitte immer abwechselnd. Finn ist auch mal dran«, muss Herr Märlin sie sanft ermahnen.

Schließlich nehmen alle Aufstellung und das Spiel geht los. Bald laufen die Kinder wild umher, klatschen in die Hände, um die Aufmerksamkeit ihrer Mitspieler zu erregen, und rufen: »Hierher! Hierher!«

Kay gelingt es fast sofort, der gegnerischen Mannschaft den Ball abzujagen. Geschickt dreht er sich dribbelnd um die eigene Achse, um Lukas abzuschütteln, der sich ihm hin und her tänzelnd in den Weg stellt. Dann rennt er plötzlich los, schlägt gekonnt einige Haken, nähert sich dem Korb. Doch kurz bevor er in die Höhe springen und werfen kann, taucht Tim aus der anderen Mannschaft wie ein Blitz von der Seite auf und übernimmt dribbelnd den Ball. Kay stützt sich einen Moment schwer atmend auf seine Knie, während die anderen Tim zujubeln.

Da fällt sein Blick auf Greta, die ganz still mitten auf dem Spielfeld steht. Völlig verloren sieht sie aus, als habe man sie aus einer anderen Welt ausgeschnitten und hier hineinkopiert. Für die anderen Kinder scheint sie unsichtbar zu sein, niemand nimmt Notiz von ihr. Während sie verlegen an einem ihrer Zöpfe herumspielt, schaut sie ziellos hierhin und dorthin. Kaum hat sie sich mit dem Rücken zum Hallenfenster gedreht und ihr Gesicht Kay zugewandt, leuchten ihre abstehenden Ohren so rot auf, als seien sie wie eine Lampe angeknipst worden.

Plötzlich erhält sie von hinten einen Stoß und stolpert nach vorn. Sven, der sie so unsanft anrempelte, jagt einfach an ihr vorbei, als sei nichts gewesen. Ein warnendes Pfeifen ist vom Spielfeldrand zu hören.

»Mann, pass doch auf!«, schreit Kay Sven hinterher. Doch der dreht sich nur kurz um und tippt sich verständnislos an die Stirn.

Na warte! Kay setzt Sven nach und erobert den Ball zurück. Schnell dreht er sich um die eigene Achse und dribbelt in entgegengesetzter Richtung davon.

»Greta, hier, der ist für dich!«

»Sag mal, spinnst du jetzt total?«, hört er Sven noch rufen, achtet aber nicht weiter darauf.

Greta guckt sich suchend um, entdeckt ihn schließlich und lächelt ihm wieder genau wie heute Morgen freudig zu.

»Fang!«, ruft Kay sicherheitshalber noch.

Offensichtlich weiß Greta einen Moment nicht, was sie machen soll. Doch dann streckt sie zögernd beide Arme aus. Kay wirft, der Ball fliegt hart und schnell genau auf

Greta zu. Die rührt sich nicht, wartet einfach ab und blinzelt hinter ihrer Brille hervor, als würde es da überhaupt keinen Ball geben. Wie ein Geschoss trifft er sie schließlich mitten ins Gesicht. Greta taumelt, ihre Brille fliegt zu Boden, sie fällt hin.

Laut und schrill ist das Pfeifen, das jetzt ertönt. »Kay! Verdammt noch mal, lass das oder du fliegst raus!« Herr Märlin ist richtig sauer.

Aber Kay macht sich gar nicht erst die Mühe, ihm zu erklären, dass er das nicht mit Absicht getan hat. Hastig hebt er die Brille auf, die ein ganzes Stück über den Boden geschlittert ist. Dann läuft er zu Greta hin, die immer noch dahockt.

Verstört wendet sie ihm ihr Gesicht zu und blinzelt ihn verständnislos an. Ihr Zopf hat sich in wirre Strähnen aufgelöst und eine Wange weist einen knallroten Fleck auf. »Aua!«, sagt sie vorwurfsvoll.

Kay kniet sich neben sie. »Es tut mir leid«, flüstert er ihr zu. »Das wollte ich nicht!«

Vorsichtig setzt er Greta die Brille auf, doch ein Bügel ist so verbogen, dass sie ganz schief auf der Nase sitzt und Greta verdutzt mit einem Auge über ein Glas guckt.

»Warte mal!« Kay macht sich an dem Bügel zu schaffen, versucht es noch einmal. Jetzt ist es besser. Greta blickt ihn dankbar an.

»Pass auf!« Kay fasst Greta beschwörend an den Schultern. »Den nächsten Korb machst du, okay? Das ist gar kein Problem, du musst nur tun, was ich sage!« Dann nimmt er sie an beiden Händen und hilft ihr auf. Einen kleinen Moment stehen sie beide ganz dicht voreinander.

»Kay?«, ruft Herr Märlin warnend.

»Mach einfach nur, was ich sage«, schärft Kay Greta noch einmal ein, dreht sich dann um und läuft los. Schnell gelingt es ihm, den Ball zu erobern. Ruckartig bleibt er stehen und dreht sich suchend umher, wobei er sorgsam darauf achtet, mit einem Fuß immer stehen zu bleiben. Herr Märlin soll jetzt auf keinen Fall abpfeifen.

Endlich entdeckt er Greta. Sie ist an die Seite gegangen, wohl um den anderen besser ausweichen zu können.

»Greta!«, brüllt Kay und wedelt wild mit den Armen, um ihre Aufmerksamkeit zu erregen. »Lauf schon mal zum Korb, hörst du? Lauf da hinten hin zum Korb!« Mit ausgestrecktem Arm zeigt er zum anderen Ende der Halle.

Greta überlegt erst, aber dann nickt sie. Gemächlich setzt sie sich in Bewegung und trabt gemütlich in die von Kay gezeigte Richtung. Unter dem Korb bleibt sie stehen.

»Gut so! Bleib da und warte auf mich!«, ruft Kay jetzt und rennt los. Geschickt umdribbelt er ein, zwei, drei Gegner, schließlich noch einen vierten. Ganz nah will er bis zu Greta heran. Als er endlich richtig steht, hebt er den Ball. »Hier, fang!«

Gehorsam streckt Greta wieder ihre Arme aus. Diesmal achtet Kay darauf, ihr den Ball nicht zu hart und zu schnell, sondern in einem hohen Bogen zuzuwerfen. Sanft landet er mitten in ihren Armen.

»Super! Nun ab in den Korb damit! Mach schon!«, feuert Kay sie an, während er Lukas abdrängt, der Greta angreifen möchte.

Greta schaut einen Moment zweifelnd auf den Ball und wirft ihn dann in die Höhe, allerdings viel zu schwach und dann auch noch in die falsche Richtung. Einige Kinder fangen an zu lachen. Aber da sprintet Kay los, springt genau im richtigen Moment hoch und boxt den Ball mit aller Kraft nach oben. Der schießt hoch wie eine Rakete, wird dann immer langsamer und tritt schließlich den Rückweg zum

Boden an, genau durch
den Korb.

Greta guckt Kay fragend
an. Als der bestätigend nickt
und eine Faust triumphierend
hochreckt, reißt auch Greta ihre
Arme in die Höhe, lacht und beginnt wie Rumpelstilzchen auf
und ab zu hopsen. Auch die
anderen aus ihrer Mannschaft
beginnen laut zu jubeln und zu
johlen.

Plötzlich steht Finn neben
ihm. Kay guckt ihn über-
rascht an.

Finn nickt ihm zu. »Nicht
schlecht«, gibt er anerkennend zu. Er zögert, als wollte
er noch etwas sagen. »Man sieht sich«, meint er dann
aber nur, macht kehrt und läuft wieder aufs Spielfeld.

»Herr Märlin, das gilt nicht!«, beschweren sich jetzt
lauthals einige Kinder der anderen Mannschaft. »Das
war nicht fair!«

»Doch, doch, das war's«, entgegnet Herr Märlin lachend. »Heute ist ein ganz besonderes Spiel. Gut gemacht,
Kay!«, freut er sich. Dann pfeift er laut und deutlich und
ruft: »Eins zu null für Kay und Greta!«

74

Musik

Frau Holler steht in der geöffneten Tür des Klassenzimmers und tritt unruhig von einem Fuß auf den anderen.

Kay wirft sich seinen Ranzen über die Schulter und lässt sich im allgemeinen Tumult mit nach draußen schieben. Er hat es nicht sonderlich eilig. Es ist Schulschluss und er muss sich auf den Weg nach Hause machen.

Als er schließlich an Frau Holler vorbeikommt, hält die ihn am Arm fest. »Warte, Kay!« Sie zieht ihn zur Seite, damit die anderen Kinder ungehindert vorbeikönnen.

»Warum denn? Ich habe nichts gemacht! Bestimmt nicht!«

»Nein, nein, das ist es nicht«, beruhigt ihn Frau Holler. »Ich brauche deine Hilfe. Greta wird doch eigentlich immer von ihrer Mutter abgeholt. Aber die scheint sich heute zu verspäten. Ich weiß auch nicht, wo sie bleibt! Ausgerechnet jetzt habe ich es eilig!«

Während Frau Holler verzweifelt den Flur hinunterspäht, wirft Kay einen Blick zurück ins Klassenzimmer. Wie immer hat Greta die ganze Zeit, in der die anderen ihre Sachen zusammenpackten, seelenruhig und ohne sich zu rühren, auf ihrem Stuhl gesessen. Erst jetzt beginnt sie langsam, ihre Hefte und Stifte im Ranzen zu verstauen.

»Und Greta ist auch noch nicht fertig!«, stöhnt Frau Holler.

»Sie mag dieses Gedrängel und Geschubse nicht«, erklärt Kay grinsend.

In diesem Moment stürmt eine Horde Erstklässler an ihnen vorbei. Aus einem der Ranzen fällt Kay etwas direkt vor die Füße.

Nanu, den kennt er doch. Er hebt den Teddy auf, der ihn klug aus seinen runden Knopfaugen anblickt und ihm dankbar die Ärmchen entgegenstreckt. Seine Bauchnaht weist einige dicke Stiche auf.

»He, Pauline, warte, du hast schon wieder deinen Wuschel verloren!«

Die kleine Pauline bleibt mitten im Lauf stehen und dreht sich langsam zu ihm um, die Augen weit aufgerissen vor Schreck.

»Hier!« Kay macht einen Schritt auf sie zu und streckt ihr den Teddy entgegen.

Zunächst weicht Pauline ängstlich zurück, aber dann nimmt sie ihren Teddy zögernd an. Scheu erwidert sie Kays Lächeln, macht dann aber schnell kehrt und läuft davon. Kay bemerkt, dass hinten im Flur Finn steht und alles aufmerksam beobachtet.

Frau Holler aber hat von alldem nichts mitbekommen. Sie durchwühlt gerade hektisch ihre Handtasche und zieht schließlich ihr Handy hervor. »Nein, noch immer keine Nachricht! Aber jetzt muss ich wirklich los! Kannst du bitte mit Greta hier vor der Tür warten, bis ihre Mutter kommt? Sie wird bestimmt gleich da sein! Oder …«, Frau Holler sieht ihn forschend an, »… bekommst du dann Ärger zu Hause?«

»Nein, nein, geht schon klar.«

»Danke, Kay, das ist sehr nett von dir.« Im Weggehen dreht sich Frau Holler noch einmal um. »Übrigens sind alle ganz begeistert davon, wie toll du dich um Greta kümmerst. Ich bin sehr stolz auf dich!«

Kay würde sich so gern über Frau Hollers Worte freuen, aber genau jetzt muss er blöderweise an Sven und seinen Plan denken. Schnell senkt er seinen Blick, als könnte ihm seine Lehrerin ansehen, was sie vorhaben.

»Also, ich verlasse mich auf dich.« Und dann ist Frau Holler auch schon weg.

Kay setzt sich auf die kleine Bank, die im Schulflur steht. Ihm ist klar, dass er warten muss, bis Greta fertig ist, dass sie sich kein bisschen beeilen wird, egal, was er auch anstellt. Erst recht hat es keinen Zweck, wütend zu werden. Wut perlt an Greta ab wie Regentropfen, die vom Wind gegen Scheiben gepeitscht werden.

Also sitzt Kay geduldig da. Nach einer Weile kommt Greta aus dem Klassenzimmer.

»Ich mag Mathe nicht«, erklärt sie muffig.

»Kann ich mir vorstellen.«

»Ich mag Deutsch nicht.«

»Aha.«

»Ich mag Sport nicht.«

Jetzt muss Kay lachen. »Was magst du denn? Ach nein, warte«, unterbricht er sich selbst, »ich weiß, was. Du magst Blumen. Du buddelst Blumen aus und an anderer Stelle wieder ein.«

Über Gretas Gesicht geht ein Leuchten, als habe Kay ihr gerade erklärt, dass sie eigentlich die Kronprinzessin von England sei. »Ja«, sagt sie selig. Dann denkt sie wieder angestrengt nach. »Ich mag aber noch mehr«, erklärt sie schließlich.

»Aha«, meint Kay wieder.

»Ich mag Tanzen!«

Kay erinnert sich an das erste Mal, dass er Greta sah, durchs Fenster. Dieses Herumgehopse mit ihrer Mutter, das meint sie wohl.

»Du auch?«, fragt Greta hoffnungsvoll.

Jetzt muss Kay aufpassen, das ist ihm klar. Denn sonst wird Greta bestimmt darauf bestehen, mit ihm hier, mitten im Schulflur, zu »tanzen«.

Er überlegt. Soll er es sagen? Ach, warum nicht. Und irgendwie, das merkt er jetzt, möchte er es Greta auch gerne erzählen.

»Ich mag Musik«, gibt er also zu. Ganz dumpf und fremd klingt das Wort »Musik« in seinen Ohren, als habe er es lange in einer dunklen Ecke liegen lassen und müsste es nun erst einmal entstauben und abklopfen, bevor er es wieder benutzen kann.

Es gibt alte Filme von Kay, als er noch ein ganz kleiner Junge war. Darin steht er vor dem Radio, nur mit einer Windel bekleidet, wiegt sich schwungvoll zu einem Lied hin und her und patscht dabei begeistert in seine Händchen. Das hat er wohl sehr oft gemacht, haben ihm seine Eltern erzählt. Eines Tages ist Papa dann mit ihm in einen großen Spielzeugladen gegangen und hat ihm eine kleine Holzgitarre gezeigt, die im Regal neben all den Burgen und Autos ein recht unbeachtetes Dasein fristete. Doch Kay fand sie sofort wunderschön und so hat er sie zum Geburtstag bekommen.

Vor einigen Jahren schließlich war es so weit: Papa schenkte ihm seine geliebte, alte Gitarre, auf der er selbst als Kind gespielt hatte! Kay kann sich noch gut daran erinnern, wie es war, als er das viel größere Instrument zum ersten Mal mit Papas Hilfe hielt und die Saiten anschlug.

Die Gitarre antwortete mit einem Brummton, der so tief war, dass er ihn durch das Instrument hindurch an seinem Oberkörper spürte. Es war wie eine Aufforderung weiterzumachen. Die Gitarre teilte bereitwillig die Musik mit ihm.

In den folgenden Wochen zeigte ihm Papa die wichtigsten Griffe und dann machten er und die Gitarre alleine weiter. Schon bald spürte er die Töne im ganzen Körper, sie nahmen jetzt den umgekehrten Weg von ihm zum Instrument. Dann merkte er, ob sie passten oder nicht. Auf diese Weise entdeckte er in sich immer häufiger eigene kleine Melodien.

Aber seit einiger Zeit funktioniert das nicht mehr. Die Töne verstecken sich an Orten, zu denen Kay keinen Zugang hat. Lange hat er es noch versucht, doch irgendwann gab er es auf. Seitdem steht die Gitarre nur noch in der Zimmerecke herum, unbeachtet wie einst ihre kleine Vorgängerin im Regal des Spielzeugladens.

Jetzt springt Greta begeistert auf. »Ich mag Musik auch!«, jubelt sie. Dann streckt sie Kay auffordernd beide Hände entgegen, während sie schon ungeduldig mit den Füßen zu stampfen beginnt.

Aber Kay schüttelt entsetzt den Kopf. »Nein«, wehrt er ab, »mit Musik meine ich nicht Tanzen.« Ganz kurz zögert er noch, dann sagt er es. »Ich meine, ich spiele Gitarre.«

Schweiß steht ihm ganz plötzlich auf der Stirn, als habe ihn der letzte Satz so viel Kraft wie ein Hundertmeterlauf gekostet.

Greta sieht ihn einen Moment entgeistert an. Dann dreht sie sich um und läuft schnurstracks auf den Raum direkt neben den Mädchentoiletten zu. Es ist der Musikraum. Ohne zu zögern, drückt sie die Klinke herunter und stolziert hinein.

»Greta, nein!«, ruft Kay erschrocken und springt auf. »Das …« Doch dann verstummt er plötzlich. Was ist denn mit ihm los? Hat er wirklich gerade sagen wollen »Das dürfen wir nicht!«?

Kurze Zeit später taucht Greta strahlend wieder im Türrahmen auf. In der Hand hält sie eine Gitarre.

Kay sinkt auf die Bank zurück. Was soll er denn jetzt machen?

Da steht Greta schon vor ihm und hält ihm das Instrument hin.

Ratlos schaut Kay den Flur hinunter. Nein, noch immer ist nichts von Gretas Mutter zu sehen. Aber auch von niemandem sonst. Keiner würde sie sehen. Oder hören.

Mit zitternden Fingern greift er die Gitarre, stützt sie auf einem Bein ab und legt so vorsichtig seinen Arm um sie, als sei sie aus dünnem, zerbrechlichem Glas. Sein anderer Arm gleitet zum Gitarrenhals, die Finger schlingen sich ganz von selbst darum, sein Oberkörper beugt sich leicht über das Instrument. Dann schlägt er zart einen Akkord an.

Lange hat er dieses Vibrieren nicht mehr gespürt. Kay schlägt einen weiteren Akkord und zupft ein paar Saiten.

Angestrengt horcht er in sich hinein. Wie ging denn noch dieses letzte Lied, das er sich ausgedacht hat? Dieses mit der hellen, schnellen Melodie, die ihn immer an einen vorbeischwirrenden Schmetterling erinnerte ... Nein, es fällt ihm nicht mehr ein.

Kay atmet schwer, für einen Moment hat er Greta ganz vergessen. Er fasst die Gitarre jetzt fester. Dann wird er sich eben schnell ein neues, kleines Lied ausdenken. Ein paar Töne, ein paar Akkorde, leichtes Trommeln auf dem Holzkörper ... Doch es klappt nicht, die Teile fügen sich nicht zusammen, sondern verschwinden einzeln versprengt im langen Schulflur.

Greta beginnt ungeduldig auf und ab zu hopsen. »Fang an!«, verlangt sie.

Okay, also irgendetwas anderes, Einfaches. Wie heißt denn nur dieses Stück, das man im Moment immer und überall hört ... Irgendwas mit »Atemlos ...«. Kay schlägt die ersten Akkorde an.

»Ja!« Sofort ist Greta völlig aus dem Häuschen. Obwohl Kay noch nicht ganz sicher ist und immer wieder unterbricht, wirbelt sie sofort herum, als würde ein ganzes großes Orchester für sie spielen. Mit ausgestreckten Armen dreht sie sich im Kreis, hüpft von einem Bein aufs andere und läuft den Flur mit auf- und abschwingenden Armen entlang, als sei sie eine kleine Elfe. Ihr Jauchzen übertönt Kays Versuche, diesen bekannten Schlager nachzuspielen.

»Nein, so geht das nicht!« Kay stoppt Greta, die gerade wieder mit wehenden Zöpfen und geschlossenen Augen an ihm vorbeiflattern will.

»Nicht?« Greta ist völlig verdattert.

»Nein«, versucht Kay ihr zu erklären. »Das ist Musik. Und Musik hat einen Rhythmus und einen Takt, verstehst du?«

Nein, Greta versteht ihn nicht. Sie starrt ihn nur verständnislos an, auch wenn Kay jetzt zunächst den Rhythmus und dann den Takt des Liedes auf den Holzkörper schlägt. Erst als er dabei anfängt leise zu singen, »spüre, was Liebe mit uns macht«, nimmt sie wieder an Fahrt auf und beginnt erneut den Flur herunterzurennen und zu -springen.

»Greta, du musst dich an den Takt halten«, ruft Kay und schlägt ihn noch lauter auf den Gitarrenkörper. »Bewege dich nur so schnell wie der Takt!«

Aber Greta ist das alles zu anstrengend. Sie macht einfach weiter, wie sie will.

Verzweifelt legt Kay die Gitarre beiseite und steht auf. »Komm her!«, verlangt er.

Gehorsam kommt Greta angelaufen und stellt sich schwer atmend vor ihn. Sie pustet Kay genau vor die Brust, die ganz warm wird.

»Mach jetzt mit«, befiehlt Kay und fasst Greta an den Schultern. Die kichert und will ihren Kopf an seine Brust legen. Aber Kay befiehlt streng: »Nein, jetzt tanzen wir!«

Das lässt sich Greta nicht zweimal sagen. Noch bevor Kay zu singen beginnt, wiegt sie sich schon wieder wild vor und zurück. Mit seinem ausgeprägten Rhythmusgefühl aber bewegt sich Kay automatisch ganz anders. Und so prallen er und Greta heftig gegeneinander und treten sich dann auch noch auf die Füße. Wahrscheinlich sieht das eher nach einer Prügelei als nach einem Tanz aus, schießt es Kay durch den Kopf. Greta aber scheint es zu gefallen, jedenfalls gackert sie albern.

»Warte!« Kay versucht es noch einmal. »Wir müssen der Musik folgen, sonst …« Er sucht einen Moment nach Worten, »… sonst kämpfen wir gegen sie!«

Jetzt reicht es Greta langsam. »Du bist aber ernst!«, empört sie sich.

»Ich zeig's dir noch mal.«

Kay legt wieder seine Hände auf Gretas Schultern. Leise beginnt er zu summen und Greta über den Flur zu schieben, vor und zurück, zur Seite. Das klappt gut, Greta lauscht verzückt und Kay baut übermütig eine Drehung ein. Dann löst er sich von ihr, ergreift ihre Hände und schwenkt diese hin und her. Inzwischen summt er nicht mehr, sondern singt laut »großes Kino für uns zwei« und muss dann selbst lachen.

Jetzt kichert auch Greta wieder los, wiegt sich in den Hüften und klatscht laut in die Hände, natürlich nicht im Takt. Aber inzwischen ist Kay das egal. Und es ist auch überhaupt nicht schlimm, als Greta ihm bei den letzten

Tönen zum Abschluss noch einmal kräftig auf die Füße tritt.

Zum ersten Mal seit langer Zeit ist die Welt wieder im Rhythmus.

Ein wenig keuchend bleibt Kay stehen. Da entdeckt er an der Glastür Gretas Mutter, die ihnen lächelnd zuschaut.

Sorge

Gretas kleines Haus ist Kay inzwischen so vertraut wie sein eigenes, so häufig steht er in letzter Zeit am Fenster und betrachtet es: die helle Fassade, an der der Regen dunkle Streifen hinterlassen hat, die Fenster, von denen seltsamerweise manche aus dunklem, manche aus hellem Holz sind. Und das von zahlreichen Flechten übersäte rote Dach, das aussieht, als würden unzählige Tauben es als Toilette benutzen.

Im Garten ist oft Greta zu sehen, buddelnd, auf den Knien. Durch die immer wieder neu entstehenden Löcher und kleinen Erdhügel verändert der Rasen ständig sein Aussehen, sodass er Kay vorkommt wie ein lebendiges Wesen, ein riesiges Reptil vielleicht, das mitsamt seiner warzigen Haut wächst und sich entwickelt.

Jetzt aber ist Greta nicht da. Das ist merkwürdig, denn es ist bereits später Mittag. Sie und ihre Mutter haben bestimmt schon gegessen. Um diese Zeit geht sie eigentlich immer gern nach draußen.

Da bemerkt Kay unten doch noch eine Bewegung. Aber es ist nicht Greta, sondern ihre Mutter, die in den Garten läuft. Suchend blickt sie umher. Kay hört, wie sie laut nach ihrer Tochter ruft. Dann kehrt sie ins Haus zurück und läuft auf der anderen Seite durch die Haustür wieder hinaus, raus auf die Straße. Auch hier guckt sie sich nach allen Seiten um, will loslaufen, aber scheint nicht zu wissen, in welche Richtung. Da bemerkt sie Kay am Fenster und winkt aufgeregt zu ihm herauf.

Reflexartig will Kay erst zurückweichen, aber dann beugt er sich doch ein wenig zögernd vor.

»Kay, hast du Greta gesehen? Ist sie vielleicht bei dir?« Sogar hier oben kann er hören, wie ihre Stimme vor Angst zittert.

Greta ist weg? Allein? Schnell schwingt sich Kay auf das Garagendach und klettert die Leiter hinunter. »Was ist passiert?«

Gretas Mutter hat vor Aufregung ganz rote Flecken im Gesicht. »Greta ist weg, verschwunden! Hast du sie gesehen, oder hat sie dir gesagt, wohin sie wollte?«

Kay schüttelt stumm den Kopf.

»Ich habe nur einen kleinen Moment nicht aufgepasst!« Mühsam schluckt Gretas Mutter ihre Tränen hinunter. »Manchmal macht sich Greta einen Spaß daraus auszubüxen. Eigentlich bleibt sie dann immer in der

Nähe! Ich habe aber schon überall ganz laut nach ihr gerufen!«

»Bestimmt ist sie nicht weit«, versucht Kay ein wenig unbeholfen, Gretas Mutter zu beruhigen. »Wir suchen sie. Beide, meine ich. Am besten, wir teilen uns auf. Sie gehen in diese Richtung und ich in diese.«

Kay zeigt die Straße hinunter. Das ist der Weg zur Schule. Den möchte er lieber selbst absuchen, und zwar schnell. Denn da ist ein Gedanke in ihm, dem er noch nicht erlauben will, Gestalt anzunehmen, eine Ahnung eher. Oder ein furchtbarer Verdacht.

Noch bevor Gretas Mutter zustimmend nicken kann, rennt er schon laut rufend los.

»Greta, Greta!«

Links und rechts guckt er vom Weg, sucht alles ab. Halt, hier, dieses große Gebüsch, das kennt er gut, darin hat er selbst schon oft gehockt. Mit heftig klopfendem Herzen fasst er in die piksenden Zweige, biegt sie auseinander und späht hinein. Nein, keine Greta, nur ein dicker Hundehaufen. Also weiter, schnell!

Es ist ein schreckliches Gefühl, das ihn vorantreibt, es hat ihn hinterrücks überfallen und hält ihn am Nacken gepackt, schüttelt ihn hin und her, während er selbst hilflos mit Armen und Beinen rudert. Mit einem Mal sieht Kay furchtbare Dinge vor sich: Greta liegt unter einem Baum mit einem gebrochenen Bein, Greta ist von einem Auto überfahren worden, Greta ist eine Brücke hinuntergestürzt …

Greta ist Sven begegnet.

Kays Füße biegen von selbst links ab, Richtung Schule. Es ist nur noch ein kurzes Stück, er beschleunigt, rennt, so schnell er kann. Gleich ist er da, gleich wird er …

Und dann sieht er sie, zunächst nur als plumpe Gestalt in der Ferne. Aber er erkennt sie sofort, bremst ab, bleibt stehen. Als Greta näher kommt und Kay sieht, was sie vor sich herträgt, zeigt die Sorge in ihm ihr wütendes Gesicht.

»Sag mal, hast du sie noch alle? Einfach abzuhauen, ohne irgendjemandem Bescheid zu sagen? Allein hier rumzulaufen, und das nur, um deine bescheuerten Blumen auszubuddeln?«

Jetzt ist Greta bei ihm angekommen. Erstaunt hebt sie den Blick. Aber nur ganz kurz. Dann achtet sie wieder auf ihre zu einer Schale geformten Hände, in denen sie eine vertrocknete Blume trägt.

»Mensch, Greta, wo warst du denn?« Kay ist so erschöpft, dass er Mühe hat, mit Greta Schritt zu halten, als sie jetzt den Weg nach Hause einschlägt. Aber sie antwortet einfach nicht.

Schweigend gehen sie bis zu ihr nach Hause. An der kleinen Gartenpforte bleibt Greta stehen. Abwartend schaut sie Kay an.

Seufzend beugt der sich über den niedrigen Zaun, öffnet den Riegel und stößt die Pforte auf. Greta stolziert hindurch und geht am Haus vorbei direkt in den dahinterliegenden Garten. Kay folgt ihr.

Am Rand des Gartens steht eine alte Bank, auf die er sich jetzt fallen lässt. Greta hat sich hingekniet und ihre Blume auf dem Boden abgesetzt. Jetzt beginnt sie auf allen vieren durch den ganzen Garten zu krabbeln, kreuz und quer, von links nach rechts und wieder zurück. Immer wieder hält sie zwischendurch inne und tastet mit ihren kurzen Fingern den Boden ab, bohrt prüfend ein Loch in den Rasen oder scharrt über blanke Erde.

Endlich scheint sie eine passende Stelle gefunden zu haben. Mit ihren Händen gräbt sie ein tiefes Loch und krabbelt zu ihrer Blume zurück. Vorsichtig trägt sie sie zu ihrem neuen Standort, setzt sie hinein, schaufelt Erde darüber, springt auf und trampelt sie gut fest. Dieser Teil scheint Greta am meisten Spaß zu machen, denn das Festtrampeln gleicht eher einem Indianertanz ums Lagerfeuer, wobei sie erstaunlicherweise nicht ein einziges

Mal auf das kleine Pflänzchen tritt. Schließlich lässt sie sich keuchend auf die Bank neben Kay fallen.

»Wo warst du?«, versucht es Kay noch einmal. »Du hast eine Blume gesucht, klar«, kommt er ihrer Antwort zuvor. »Aber warum bist du ganz allein gegangen und hast deiner Mutter nicht Bescheid gesagt?«

Statt einer Antwort wendet ihm Greta ihr Gesicht zu. Ein schelmisches Lächeln breitet sich über ihre vollen Backen aus und ihre Augen funkeln listig.

Kay versteht. Ungläubig beugt er sich vor und flüstert: »Dir macht es Spaß, abzuhauen?«

Jetzt strahlen Gretas Augen.

»Und … du machst das öfter?«

In diesem Moment hören sie einen Schrei. Gretas Mutter kommt in den Garten gerannt. Sie stürzt auf ihre

Tochter zu, fällt vor ihr auf die Knie und umarmt diese so heftig, dass sich Greta lauthals beschwert. »Aua!«

»Greta!« Nun hält ihre Mutter sie ein Stück von sich weg und guckt ihr streng in die Augen. »Was soll denn das? Du darfst doch nicht einfach weglaufen! Das haben wir doch so oft besprochen! Verstehst du denn nicht, dass das gefährlich ist? Mach das nicht noch mal, hörst du?« Bei den letzten Worten entfährt Gretas Mutter ein heftiger Schluchzer.

»Ja, Mama«, gibt Greta geduldig zur Antwort. Dabei denkt sie nicht im Mindesten daran, sich an dieses Versprechen zu halten. Das sieht Kay ihr an. Genauso gut könnte man einen Löwen bitten, nie wieder Fleisch zu fressen.

Seufzend erhebt sich Gretas Mutter. »Ich bringe euch jetzt erst mal eine schöne, kühle Limo.« Sie lächelt Kay dankbar an und geht kopfschüttelnd zum Haus zurück.

»Na, was ist?«, nimmt Kay ihr Gespräch wieder auf. »Machst du das öfter?«

»Ja.«

Kay ist sich auf einmal nicht mehr sicher, ob er weiterfragen möchte. Aber irgendetwas drängt ihn dazu. »Wann?«

»Freitags«, erklärt Greta vergnügt.

»Warum immer freitags?«

Verträumt schaut Greta in den Himmel, an dem immer mal wieder vorbeiziehende Puffwölkchen der Sonne gnädig etwas von ihrer sengenden Hitze nehmen. »Dann ist Mama müde. Von der Arbeit. Nach dem Essen legt sie sich aufs Sofa und schläft ein«, stellt sie zufrieden fest.

»Und du haust ab«, folgert Kay verblüfft.

»Ich suche Blumen«, berichtigt Greta ihn. »Und komme immer schnell wieder. Meistens bemerkt Mama gar nichts.«

Sie lächelt Kay verschwörerisch an und legt einen Finger auf ihre Lippen. Ihr Nagel ist vom Graben noch ganz schmutzig.

Kay nickt, doch er kann Greta dabei nicht in die Augen sehen. Da ist sie, die Gelegenheit, auf die er und Sven so lange gewartet haben. Freitags, nach dem Essen, am frühen Nachmittag. Greta allein unterwegs. Hier. Eigentlich möchte er das gar nicht wissen.

Da kommt ihm ein rettender Gedanke. »Und dein Papa? Wo ist der dann?«

Verdutzt schaut ihn Greta an. »Papa ist weg«, meint sie leichthin.

In Kays Kopf erhebt sich ein Rauschen wie in einem Wald bei einem Herbststurm. Gretas Worte wirbeln auf und fliegen ihm um die Ohren, sodass er am liebsten mit seinen Händen schützend sein Gesicht bedecken würde.

»Und, ist das schlimm?«, fragt er heiser.

»Mama ist da«, erklärt Greta. Sie scheint sich über seine Frage zu wundern.

»Ja, klar.« Kay nickt. Gretas Mutter ist wirklich da. Immer. Sie holt sie ab, passt auf sie auf, tanzt mit ihr. Vielleicht fällt es dann nicht auf, wenn der Vater weg ist. Könnte ja sein, dass das gar nicht so schlimm ist. Seine Finger krallen sich um die Bank.

Später, als Kay schließlich nach Hause gehen will, tritt Gretas Mutter noch einmal aus dem Haus und ruft ihn zurück.

»Sag mal, Kay«, sie blickt ihn forschend an, »warum gehst du eigentlich fast nie durch die Haustür rein, sondern meistens durchs Fenster?«

Kay zuckt nur mit den Achseln.

Gretas Mutter nickt, als hätte sie das erwartet. »Schon gut, das geht mich ja auch nichts an. Aber weißt du, weil du so oft da oben stehst und rausguckst, da dachte ich … also, ich meine, ich weiß, dass ich dich nicht darum bitten sollte, aber …« Müde schweigt sie einen Moment und fährt dann fort: »Greta mag dich wirklich, weißt du das? Es ist sehr schön, dass du dich so um sie kümmerst. Und deswegen dachte ich, du könntest mir vielleicht Bescheid sagen, wenn sie wieder mal ausbüxt, verstehst du?« Als sie Kays erschreckten Blick bemerkt, fährt sie hastig fort. »Du sollst jetzt natürlich nicht immer Wache stehen da oben. Aber wenn du zufällig etwas bemerkst, wäre es einfach toll, wenn du dann zu mir kommen würdest. Ja? Das wäre eine große Beruhigung für mich.« Zaghaft lächelt sie ihn an.

Kay weiß nicht, was er sagen soll. Also nickt er nur stumm und macht dann lieber, dass er schleunigst wegkommt. Dennoch kann er sie nicht verhindern, diese letzten Worte von Gretas Mutter, die er genauso erwartet wie gefürchtet hat.

»Greta vertraut dir, hörst du, Kay? Und ich tue es auch!«

Zweifel

Rommms!

Der Tritt gegen die Bretterwand ist so stark, dass Kay, der am Schuppen lehnt, die Erschütterung schmerzhaft im Rücken spürt. »Aua, verdammt, lass das!«

Trotzig tritt Sven noch einmal zu, lässt sich dann aber ins Gras neben Kay fallen. »Sag mal, was ist denn los mit dir? In letzter Zeit bist du so komisch! Und hier sieht man dich auch kaum noch. Ich dachte schon, du kommst gar nicht mehr!«

Statt einer Antwort rupft Kay nur ziellos an einzelnen Büscheln herum.

»Hey, ich habe dich was gefragt! Gehst du mir etwa aus dem Weg, oder was?«

»Quatsch«, entgegnet Kay jetzt, »ich hatte eben nur keine Lust mehr auf diesen blöden Schuppen.«

Bei diesen Worten fällt ihm auf, dass er sich mit Sven fast immer nur hier getroffen hat, nie bei ihnen zu Hause. Bisher fand er das auch immer gut so, nach Hause wollte er nun wirklich niemanden mitnehmen. Aber wie ist es mit Sven?

»Sag mal«, beginnt Kay nachdenklich, »wir können uns doch auch mal bei dir treffen. Oder?«

»Hä?« Sven sieht ihn so überrascht an, als habe er ihm gerade vorgeschlagen, freiwillig alle Schultoiletten zu putzen. »Wieso das denn?«

»Wieso nicht?«

Sven pflückt ein paar Steinchen vom Boden auf und schleudert sie eines nach dem anderen in hohem Bogen weg. »Weiß nicht«, meint er dann achselzuckend.

»Hast du eigentlich Geschwister? Oder lebst du mit deinen Eltern allein?« Kay bleibt hartnäckig.

»Alter, was ist denn mit dir los?« Jetzt klingt Sven unsicher. »Wird das hier ein Familienquiz?«

»Nein, ich dachte nur, wir könnten uns doch auch mal woanders treffen. Nicht immer nur hier. Und vielleicht auch mal was anderes machen.« Kay guckt Sven jetzt direkt an.

Dem bleibt erst einmal der Mund offen stehen. Anscheinend weiß er überhaupt nicht, was er davon halten soll. Dann fängt er sich wieder. »Ich sage ja, du bist komisch. Hat das vielleicht mit der Fetten zu tun?«

Kay spürt, dass er rot wird. Schnell dreht er den Kopf weg, aber Sven hat es schon gesehen.

»Bist du etwa verknallt?«, ruft er höhnisch und springt auf. Dann trompetet er triumphierend los: »Kay ist verknallt! Kay ist verknallt!« Jetzt ist er wieder ganz der Alte.

»Hör auf mit dem Quatsch!«, flucht Kay und springt ebenfalls auf.

Einen Moment stehen sie sich beide kampfbereit gegenüber wie zwei Boxer im Ring. Sven kommt noch einen Schritt näher und schaut ihm lauernd in die Augen.
»Hast du denn schon was rausgefunden? Wann wir sie mal erwischen können, meine ich?«

Stumm weicht Kay zurück.

»Du weißt was, stimmt's?«

Ohne Sven noch einmal anzugucken, dreht sich Kay um und stapft los.

»Also doch verknallt!«, ruft Sven ihm hinterher. »Kay ist ...«

Noch ein weiteres Mal will Kay den Mist nicht hören. Wütend bleibt er stehen und wendet den Kopf. »Freitags, wenn du es genau wissen willst«, brüllt er viel lauter, als es eigentlich nötig wäre. »Immer freitags nach dem Mittagessen. Dann haut Greta von zu Hause ab!«

»Freitags? Und das sagst du erst jetzt?«, jubelt Sven. »Mensch, das ist schon morgen, ist dir das klar? Schon morgen können wir sie uns schnappen!«

Ja, schon morgen. Jetzt will Kay endgültig weg. Doch so schnell er auch versucht davonzulaufen, die Worte bleiben an ihm kleben wie Kaugummi unter Schuhsohlen. Als er um eine Hausecke rast, rennt er fast Finn um, der gerade dort langgeht. In allerletzter Minute kann Kay stoppen. Einen Moment sehen sich die beiden entgeistert an.

»Mensch, Kay«, beginnt Finn schließlich.

Kay atmet noch schwer von der Rennerei und sagt nichts.

»Alles klar?«

›Nein‹, denkt Kay, ›überhaupt nichts ist klar.‹

»Du«, beginnt Finn jetzt gedehnt, »wir Jungs aus der Klasse wollten mal wieder kicken, auf der Wiese im Park.« Unsicher schaut er Kay an.

Der wartet schweigend ab.

»Also, dabei könnten wir noch gut jemanden gebrauchen. Hättest du vielleicht Lust?« Bei den letzten Worten guckt Finn verlegen auf den Boden.

»Ich?«, fragt Kay überrascht. »Wann denn?«

»Schon morgen«, meint Finn eifrig. Er scheint sich über Kays Interesse zu freuen.

Doch das erlischt bei Finns Worten so plötzlich wie eine Kerzenflamme im Wind. Da sind sie wieder, die Kaugummiworte.

Schon morgen.

Die Entscheidung

»Schmeckt's?« Mama lächelt ihn liebevoll an. Fast fröhlich sieht sie in diesem Moment aus.

Kay nickt und kaut hastig an einem Stück Frikadelle. Eigentlich freut er sich auch jedes Mal, wenn er mit Mama hier in Ruhe in der Küche sitzen und essen kann. Aber heute ist es anders. Heute möchte er so schnell wie möglich hoch in sein Zimmer. Sein Blick wandert wohl zum hundertsten Mal zur großen Wanduhr. Schon halb drei!

»Satt!«, sagt Kay hastig und steht noch kauend auf. »Danke, Mama!«

Seltsamerweise fragt ihn Mama nicht wie sonst, ob er verabredet sei. Heute sieht sie ihn nur ganz komisch an und nickt. »Geh nur, mach schnell.«

Kay stürzt zur Tür hinaus und die Treppe hoch. Er stürmt durch sein Zimmer und reißt das Fenster auf, um sich gefährlich weit hinauszulehnen. Hektisch späht er in alle Richtungen, achtet auf jede Bewegung, jeden Schatten. Nein, nichts, weit und breit nichts zu sehen. Puh, falscher Alarm, da hat er sich wohl ganz umsonst verrückt gemacht!

Erleichtert will sich Kay gerade auf die Fensterbank setzen, um die Gegend vorsichtshalber noch eine Zeit lang im Auge zu behalten, als er im Augenwinkel dort unten doch noch eine Bewegung wahrnimmt: Gretas Haustür wird mit einem Mal aufgerissen. Einen winzig kleinen Moment spielt Kay mit dem Gedanken, jetzt besser schnell die Augen zu schließen, um nicht sehen zu müssen, was er die ganze Zeit befürchtet hat: Gretas Mutter rennt auf die Straße und guckt sich suchend um.

Noch bevor sie zu ihm hochschauen kann, ist Kay schon auf der Leiter und unten bei ihr. »Greta ist weg?« Er weiß gar nicht, warum er das noch fragt, die Angst im Gesicht von Gretas Mutter hat die Antwort längst gegeben. »Warten Sie hier! Ich mach das schon! Keine Sorge, ich hole sie zurück!«

Kay rennt los. Seine Füße schlagen heute eine andere Richtung ein. Nein, nicht zur Schule muss er, wie hat er das nur je denken können. Es ist doch ganz klar, wo Greta ist. Und mit wem sie dort ist.

Obwohl es nicht sehr weit ist, überkommt Kay dieses verzweifelte Gefühl, das er aus vielen Albträumen kennt: Immer wenn er glaubt, am Ziel zu sein, scheint es sich hinter jeder Ecke wieder weiter von ihm entfernt zu haben. Er läuft schneller, stolpert kurz, kann sich abfangen und rennt weiter. Jede Minute, die er verliert, ist eine, die Sven gewinnt.

Endlich. Er ist da, sein Ziel liegt genau vor ihm. Der Schuppen. Natürlich würde Sven Greta genau hierhin bringen.

Kay wird langsamer, setzt seine Füße jetzt behutsam und leise auf. Eine Tür an der Seite des Schuppens ist aufgestoßen und zaubert ein schwarzes Rechteck in die graue Bretterwand. Ganz kurz zögert Kay. Noch nie sind Sven und er in den Schuppen hineingegangen. Ohne sich das einzugestehen, haben sie sich das nie so recht getraut. Aber heute ist alles anders.

Schon als Kay im Türrahmen steht, weiß er, dass er recht hatte. Dumpfes Poltern und schweres Atmen zeigen ihm deutlich, dass Sven Greta tatsächlich hierhinge-schleppt hat.

»Mann, da bist du ja endlich!«, keucht Svens Stimme aus der Dunkelheit. »Hast dir ja ganz schön Zeit gelassen!«

Kay tritt ein. Er blinzelt bei dem Versuch, sich schneller an die Dunkelheit zu gewöhnen. Svens und Gretas Umrisse kann er nur erahnen, wie ein einziges großes Tier ducken sie sich direkt vor ihm. Sven scheint Greta im Schwitzkasten zu halten, während sie auf dem Boden kniet. Als Kay einen weiteren Schritt auf die beiden zumacht, stößt sein Fuß gegen etwas. Er bückt sich und hebt es auf. Es ist Gretas Brille.

»Verdammt, nun mach schon! Die Fette wehrt sich ganz schön!«, ächzt Sven und drückt seinen Arm noch fester um Gretas Hals. Die gibt ein seltsames Geräusch von sich. Keinen Schrei, eher eine Art Gurgeln, als würde in einer Badewanne das restliche Wasser ablaufen.

»Mach schon, sie kann dich nicht sehen! Na los, verpass ihr eine!«

Kay steht jetzt ganz dicht bei den beiden. Im Schuppen ist die Sommerhitze ausgesperrt. Ihm ist eiskalt. Die Dunkelheit, die hier herrscht, breitet sich aus. Wie eine schützende Decke legt sie sich erst um seine Schultern, dringt dann in ihn ein und erfüllt sein Inneres. Jetzt ist alles schwarz, ohne Licht. Nichts wird mehr gesehen, alles bleibt verborgen.

Mit einem Mal flammen Bilder in Kay auf wie Blitze am Gewitterhimmel. Papa. Mama. Greta. Immer wieder Greta. Greta tanzend im Zimmer. Greta in enger Umarmung mit ihrer Mutter. Greta lachend und glücklich. Ungefragt ballen sich seine Hände zu Fäusten. Die

Finsternis in ihm bäumt sich ein letztes Mal zu ihrer wütenden Gestalt auf.

»Los, mach schon, hier sieht dich niemand«, zischt Sven.

Kay hebt eine Faust. In diesem Moment gelingt es einem Sonnenstrahl, sich durch einen Bretterspalt zu zwängen. Er findet seinen Platz genau auf Gretas Hand. Kay sieht, dass zwischen ihren gekrümmten Fingern trockene braune Stängel hervorragen. Und obwohl Sven sie jetzt noch stärker packt und schüttelt, hält Greta ihre Blume weiterhin fest. Sie lässt sie einfach nicht los.

Einen Moment starrt Kay entsetzt darauf. Dann schlägt er zu.

Das Ende

Warum nur hat er das getan? Der Schlag, dieser Schrei, seine Faust, die plötzlich zu einer Männerfaust wurde. Warum nur? Kays Gedanken haben ihre normale Ordnung aufgegeben und wirbeln so planlos durcheinander, dass ihm der Schädel brummt und er mehr taumelt als geht. Eigentlich kann er in diesem Zustand nicht auf den richtigen Weg achten. Aber da ist ja noch Greta.

»Geht es? Kannst du noch?«, fragt er leise, während er sie mit einem Arm stützt und den anderen um ihre Schultern legt. »Tut es sehr weh?«

Greta blinzelt ihn verwirrt an und schüttelt ratlos den Kopf. Offensichtlich versteht sie gar nicht so richtig, was gerade passiert ist.

»Warte mal!« Kay bleibt stehen und kramt in seiner Tasche. »Hier, so kannst du besser gucken!« Vorsichtig setzt er Greta die Brille auf. »Es tut mir schrecklich leid, Greta, hörst du?«, flüstert er. »Das wird nie wieder passieren, niemals, ich schwöre! Jetzt ist Schluss damit, mit allem!«

Warum nur hat er Sven verprügelt? Er ist doch sein Freund, oder etwa nicht? Vielleicht sogar der einzige, den er noch hat! Und was macht er? Er haut ihm dermaßen eins auf die Nase, dass Sven laut aufschreit und fluchend aus dem Schuppen rennt. Als er ihm noch hinterherlaufen und das klären wollte, war er schon längst weg.

Hilflos betrachtet Kay seine rechte, von dem Schlag immer noch schmerzende Hand. Verschämt verbirgt er sie schnell wieder unter Gretas Arm und stützt sie sanft. Auch Greta ist vor Schreck noch ein bisschen unsicher auf den Beinen.

Langsam und vorsichtig gehen sie weiter. Als sie um die letzte Ecke biegen, läuft ihnen Gretas Mutter bereits entgegen.

»Oh, mein Gott, was ist passiert?« Nach einem kurzen Blick nimmt sie Greta entsetzt in den Arm. »Geht es dir gut? Geht es dir gut, mein Schatz?«, stammelt sie immer wieder, während sie ihre Tochter fest an sich drückt.

Jetzt kann Kay Greta loslassen. Sie ist in Sicherheit.

Sein Kopf ist ihm immer noch keine Hilfe. Also versucht er erst gar nicht zu überlegen, was er am besten tun soll. Er dreht sich einfach um und steuert auf sein Haus zu. Aber nicht auf die Garage mit der Leiter, sondern genau auf die Tür. Denn durch die will er jetzt hinein.

Ohne zu zögern, bummert er mit aller Kraft dagegen. Kurz lässt ihn der Schmerz in der rechten Hand zusammenzucken, aber dann macht er weiter, immer schneller und immer heftiger.

Drinnen sind raschelnde Geräusche zu hören wie von einer erschreckten Maus, die sich schnell unter einem Blätterhaufen versteckt. Die Tür öffnet sich.

»Kay, was machst du denn da?« Mama guckt ihn ängstlich an. »Du kannst doch nicht …«

Wütendes Gebrüll unterbricht sie, unsanft wird sie zur Seite geschoben. In der nun weit aufgerissenen Haustür erscheint Papa. »Was ist denn hier los! Sag mal, spinnst du?«

Kay holt so tief Atem, als müsse er mit der Luft auch Mut in seine Lungen pumpen. Aber dann schleudert er seine Antwort wie einen großen Klumpen Matsch Papa mitten ins Gesicht.

»Ja, ich spinne! Aber du spinnst auch, hörst du? Du spinnst auch!«

Die letzten Worte schreit Kay heraus, damit sie das heftige Hämmern seines Herzens übertönen.

Papa packt ihn am Arm und reißt ihn ins Haus hinein. Krachend schlägt die Tür hinter ihnen zu.

Kay steht jetzt direkt vor Papa und spürt, wie sich dessen Bauch hebt und senkt wie ein Blasebalg, mit dem man Glut zu einem Feuer entfacht. Da drängt sich Mama schnell dazwischen. Während sie Papa anguckt, versuchen ihre Hände hinterm Rücken, Kay wegzuschieben.

»Michael, lass ihn!«, fordert sie schrill. Hastig wendet sie Kay den Kopf zu. »Lauf, schnell! Lauf in dein Zimmer!«

Kay ergreift Mamas Hände, die überraschend kalt sind. Er möchte sie so gern festhalten und wärmen, aber sie schieben ihn immer nur wieder weg.

Plötzlich erinnert er sich an seine eigenen Worte. »Jetzt ist Schluss damit, mit allem!«, hat er zu Greta gesagt. Und erst in diesem Moment versteht er, was er eigentlich damit gemeint hat.

»Nein! Das mache ich nicht, ich mache das nicht!« Kay kann nicht verhindern, dass seine Stimme plötzlich zittert. »Ich gehe nie mehr in mein Zimmer, nie mehr, hört ihr?« Schnell wischt er sich über die feuchten Augen. Als er wieder sehen kann, ist Mama verschwunden. Er steht ungeschützt da.

»Na warte! Jetzt kannst du was erleben!« Papas Drohung türmt sich über Kay auf wie ein pechschwarzer Wolkenberg über freiem Feld.

In diesem Moment verändert sich die Welt um ihn herum. Es ist, als trennte sie sich von der normalen Zeit und schickte sie fort, um ihm zu helfen. Plötzlich nimmt er alles viel langsamer wahr: Papas letzten Schritt auf ihn zu, das Heben seines Armes, alles läuft für Kay wie in Zeitlupe ab. Dadurch schafft er es, rechtzeitig der Faust auszuweichen und zur Seite zu hechten. Er stürzt so langsam zu Boden, dass er sich abrollen kann. Dann bleibt er sitzen und legt die Arme schützend um seinen Kopf. Sogar das Geschrei um ihn herum ist in dieser veränderten Welt dumpfer und erträglicher.

Kay weiß nicht, wie lange er dort am Boden hockt, eine Sekunde, eine Stunde, ein Jahr? Irgendwann aber katapultiert ihn wieder etwas zurück: ein Geräusch, laut und schrill wie ein Alarm. Kay traut sich, den Kopf zu heben. Er horcht genauer: An der Haustür klingelt es, durchdringend und unerschrocken.

Immer und immer wieder.

Und es hört gar nicht mehr auf.

Der Anfang

»Greta?«

Zaghaft schaut Kay um die Ecke. Er weiß, dass Greta hier in ihrem Garten ist, das hat er schon von oben gesehen. Da hinten krabbelt sie. Aber kaum dass sie ihn gehört hat, springt sie auf.

»Kay!« Richtig glücklich klingt das.

Kay atmet auf. Greta mag ihn also immer noch, obwohl sie sich so lange nicht gesehen haben. Viele Wochen sind vergangen seit der Geschichte mit Sven. Und der mit Papa. Anstrengende Wochen, in denen er es einfach nicht geschafft hat, Greta zu besuchen, obwohl er viel an sie denken musste. Aber heute Morgen, schon beim Aufwachen, wurde ihm plötzlich klar, dass er sie jetzt wiedersehen will.

Greta lässt ausnahmsweise die Blume, die sie gerade einbuddeln wollte, auf dem Boden liegen und läuft zur Gartenbank. Eifrig setzt sie sich darauf und rückt noch ein wenig mehr zur Seite, damit schön viel Platz neben ihr ist. Erwartungsvoll blickt sie Kay an.

Kay lächelt und setzt sich neben sie. Aber dann weiß er nicht, wie er anfangen soll. Unschlüssig bohrt er seine Fußspitze in den Boden, bemerkt aber erschrocken, dass selbst hier Blumen stehen. Also lässt er es schnell wieder sein, und seine Verlegenheit wandert in die Finger, die nun an der Bank herumknibbeln.

So viel ist geschehen, seitdem Greta ihn zum zweiten Mal mit ihrem Klingeln an der Haustür gerettet hat. Wie erleichtert er gewesen ist, als er diesen schrillen Ton hörte, denn ihm ist sofort klar gewesen, dass das nur Greta sein konnte! In dem Tumult, der dann um ihn herum ausbrach, hat er die ganze Zeit nur Greta angesehen: Wie sie vor der Haustür stand, unerschütterlich, und sich kein winziges bisschen wegbewegte, egal, wie sehr ihre Mutter sie auch rief. Noch als die Polizisten kamen, stand sie da, richtig zur Seite schieben mussten sie sie, um ins Haus kommen zu können.

Denn Mama war natürlich nicht einfach verschwunden, sie war nur schnell ins Wohnzimmer gelaufen, um die Polizei anzurufen. Und die kam dann auch, mit Blaulicht und Sirene, und hat Papa mitgenommen. Erst dann ist Greta bereit gewesen, wieder mit ihrer Mutter nach Hause zu gehen. Aber vorher winkte sie Kay noch kurz zu, ganz so, als hätten sie beide gerade einen harmlosen Ausflug miteinander gemacht!

»Danke«, flüstert Kay jetzt. Er räuspert sich. »Ich könnte auch bald eine von deinen Blumen gebrauchen.«

Greta strahlt ihn an und nickt.

Seitdem ist Papa nicht mehr bei ihnen gewesen. Dafür ist am nächsten Tag Frau Jürgens vom Jugendamt gekommen. Frau Jürgens war klein, aber sehr energisch. Sofort sah sie sich suchend im Haus um, als müsse sie etwas tun. »Tun« war sowieso ihr Lieblingswort. Schon als sie das erste Mal alle zusammen am Küchentisch saßen, versprach sie ihnen in einem fort, etwas zu »tun«.

»Die nächste Zeit musst du nicht in die Schule gehen, Kay«, erklärte sie zum Beispiel, »du kannst dich ausruhen, solange du willst. Keine Sorge, mit dem Direktor spreche ich, das werde ich schon tun. Und auch Sie«, mit diesen Worten wandte sie sich an Mama, »müssen sicherlich erst einmal wieder zu Kräften kommen. Sie brauchen sich um nichts zu kümmern, die ganzen Formalitäten und das alles, das kann ich für Sie tun.«

Bei jedem »tun« tippte sie entschlossen mit ihrer Kugelschreiberspitze auf das vor ihr liegende Blatt Papier. Allein nach diesem ersten Gespräch zählte Kay acht Punkte.

Von nun an kam Frau Jürgens öfter. Sie erklärte ihnen, dass Papa jetzt in einer Art Krankenhaus lebe, in dem Ärzte ihm halfen, mit dem Trinken aufzuhören.

»Kommt er wieder?«, hat Kay gefragt.

»Wir werden sehen«, antwortete Frau Jürgens. »Das geht alles nicht so schnell. Wichtig ist jetzt vor allem, dass es euch wieder gut geht und dass das vor allem so bleibt. Und dafür werde ich alles tun!«

Ein neuer Punkt landete auf dem Blatt Papier.

Bevor Frau Jürgens wieder ging, fragte sie jedes Mal: »Kann ich sonst noch etwas für Sie tun?« Immer schüttelte Mama nur hilflos den Kopf, aber gestern stand sie plötzlich entschlossen auf.

»Ja, das können Sie«, meinte sie. Und als sowohl Kay als auch Frau Jürgens überrascht guckten, fügte sie hinzu: »Morgen ist Sperrmüll-Tag. Kommen Sie bitte mit!«

Gehorsam folgte Frau Jürgens Mama nach draußen. Auch Kay hatte sich ihnen angeschlossen. Mama steuerte direkt auf die Leiter zu, die immer noch an der Garage lehnte.

»Die muss weg, sie ist gefährlich, die dritte Sprosse knackt schon seit Langem so seltsam. Außerdem will ich sie hier nie wieder sehen.«

Frau Jürgens nickte und packte zu. Zu dritt schleppten sie die schwere Holzleiter an die Straße und stellten sie am Rand ab.

»So, die kann morgen abgeholt werden.« Mama nickte zufrieden und strich Kay übers Haar.

»Sonst noch was?« Frau Jürgens war jetzt richtig in Fahrt.

Mama überlegte. »Ja, aber das schaffen wir allein«, entschied sie dann.

Später, als Frau Jürgens weg war, fingen sie beide an, Pläne zu machen, überlegten zusammen, was sie alles ändern wollten. Mama fand zum Beispiel die alten Vorhänge im Wohnzimmer zu dunkel und zu schwer. »Da müssen neue hin«, meinte sie. »Oder nein, am besten gar keine. Ich will mehr Luft und Licht im Haus haben. Und auch dein Zimmer könnten wir neu machen. Oder was meinst du, Kay?«

Ja, das hielt Kay auch für eine gute Idee. Nur die Gitarre, die sollte bleiben.

Wenn sie schon so viel ändern, können sie doch auch gleich ein paar mehr Blumen in den Garten pflanzen, findet Kay jetzt. Da fällt ihm noch etwas ein. »Wer war eigentlich dein Buddy die ganze Zeit?« Schließlich ist er lange nicht in der Schule gewesen.

»Finn«, antwortet Greta und baumelt vergnügt mit den Beinen. »Aber dich mag ich lieber.« Dann blinzelt sie ihn verschmitzt an. »Und Sven musste helfen.« Ausgelassen prustet sie los.

»Was?« Einen Moment ist Kay überrascht. Dann aber stimmt er in Gretas Lachen mit ein. Sven musste Finn und Greta helfen! Keine schlechte Idee von Frau Holler!

»Ab morgen mache ich das wieder«, verspricht Kay, nachdem sie sich beruhigt haben. Zwar muss er viel Stoff nachholen, aber das schafft er schon, da ist er sich sicher. Hauptsache, er bleibt bei Greta in der Klasse.

»Übrigens«, meint er dann noch, »gestern hat Finn angerufen und gefragt, ob wir morgen zusammen Fußball spielen. Du kannst doch auch mitkommen, wenn du Lust hast!«

»Ja! Und dann mache ich wieder ein Tor!« Greta nickt zufrieden.

»Ja, bestimmt machst du das!« Kay lächelt befreit. »Ich muss jetzt gehen, Mama wartet. Aber wir sehen uns morgen in der Schule!«

Auch Greta steht auf und bleibt vor Kay stehen. Fragend schaut sie zu ihm hoch. Kaum merklich nickt Kay.

Mit einem Stoßseufzer umarmt ihn Greta und drückt ihren Kopf fest an seine Brust. Kay umschlingt sie ebenfalls und schließt die Augen. Warm, weich und herrlich rund ist Greta. Da ist nichts an ihr, das wehtun könnte. Nach trockenen Blumen riecht sie, nach Erde und Sommer. Eine ganze Weile stehen sie so da.

Tam-ta-ti-da-dam. Nanu, was ist das? Als Kay kurze Zeit später durch die Gartenpforte tritt, bleibt er überrascht stehen. Dieses Lied, das da wie ein kleiner Vogel angeflogen kommt und sich in seinem Kopf niederlässt, kennt er noch nicht. Es ist eine neue Melodie. Noch einmal summt er sie. Tam-ta-ti-da-dam. Gar nicht schlecht. Er muss sie gleich einmal spielen. Auf seiner Gitarre, zu Hause.

Jutta Nymphius wurde 1966 in Bremerhaven geboren. In Köln und Florenz studierte sie italienische, deutsche und spanische Literatur und arbeitete anschließend viele Jahre als Lektorin für Kinder- und Jugendbücher, bevor sie sich ganz dem Schreiben widmete. Sie ist Mitbegründerin der »Elbautoren« und lebt mit ihrem Mann, ihren drei Kindern und Katze Emma in Hamburg.

Barbara Jung hat Kommunikationsdesign mit Schwerpunkt Illustration studiert. Seit ihrem Abschluss arbeitet sie als freie Illustratorin für verschiedene Kinder- und Jugendbuchverlage. Schräge Personalien und ein gewisser Humor sind ihr die liebsten Zutaten für ein gelungenes Buch. Sie lebt mit ihren Kindern in Frankfurt am Main.

Besucht uns auf Facebook und Instagram!

TULIPAN-Newsletter
Tolle Lesetipps kostenlos per E-Mail!
www.tulipan-verlag.de

© Tulipan Verlag GmbH, München 2019
Alle Rechte vorbehalten
1. Auflage 2019
Text: Jutta Nymphius
Vermittelt durch die Literaturagentur erzähl:perspektive, München
(www.erzaehlperspektive.de)
Umschlagmotiv und Illustrationen: Barbara Jung
Lektorat und Redaktion: Angela Mense
Layout und Satz: Tulipan Verlag, Stephanie Raubach
Druck: GGP Media GmbH, Pößneck
ISBN 978-3-86429-440-2

Ziemlich bester Bruder

Für Leser ab 10 Jahren
€ 13,00 (D)/€ 13,40 (A)
ISBN 978-3-86429-418-1

Die zwölfjährige Luise entdeckt eines Tages das Familiengeheimnis: Sie hatte einen Zwillingsbruder, der bei der Geburt gestorben ist. Dann kann ja wohl auch sie ein Geheimnis haben: Gegen den Willen der Eltern meldet sie sich bei einer Jugendtheatergruppe an. Da niemand sie dort kennt, erzählt sie, dass sie einen Bruder habe: Schultheaterstar, Hip-Hop-Champion, den coolsten Bruder der Welt! Nur: Irgendwann wollen die anderen ihn unbedingt kennenlernen. Ausgerechnet Viktor, der verschnarchte Klassenloser, übernimmt die Rolle des legendären Bruders. Aber wie lange kann Luise ihre Lügengespinste aufrechterhalten?

Ein einfühlsamer Roman über Schein und Sein, ein Familiengeheimnis und den coolsten Bruder der Welt ...